婚姻家庭法律
看图一点通

维权帮 著

中国法制出版社
CHINA LEGAL PUBLISHING HOUSE

致亲爱的读者

人的一生，不可避免地会遇到很多法律问题。衣食住行、婚姻继承、劳动就业……各种领域都蕴含着无尽的法律问题。但现实生活中，不少公民却法律意识淡薄，对一些关乎自身利益的法律知识一无所知或者一知半解。不懂法的结果就是：吃亏了都不知道怎么回事，被告上法庭还不知道自己错在哪儿，受了窝囊气却不知道如何维护权益，让公司辞退了不知道怎样据理力争……

学习法律，是一件利人利己的事。随着 2020 年我国《民法典》的出台，全国上下掀起了一股学习法律的高潮，让法律服务生活，让法律规范秩序、让法律服务你我成为大众看待法律的新视角。越来越多的人愿意关注法律、依法办事和维权。

在此，为了帮助读者知法、懂法，进而更好地守法、用法，依法办事和维权，我们编写了“看图一点通”系列，本系列丛书的主要特色如下：

一、兼具全面性与时代性

丛书以读者的生活、工作、学习为出发点，设置了若干分册，基本覆盖了各领域的法律知识点，极具全面性；并且，丛书围绕如《民法典》《土地管理法》等新颁布或修正的法律，结合当前社会生活实际，提炼了大量“热点问题”，具有很强的现实意义，相信一定能给读者以代入感，从而激发读者学法的积极性。

二、大众能够看得懂

百姓不懂法，很大程度上是由于法律条文和法律图书枯燥难懂。本丛书尽力避免法律图书严谨有余而通俗不足的通病，将原本枯燥难懂的法律知识用短小、简单的案例表现出来。案情介绍简洁流畅，法律讲堂切中要害，对法律知识的解说深入浅出，避免使用艰深的法律术语，行文通俗，贴近百姓生活。同时，本丛书配有一些辅助理解的场景插画，让读者朋友们轻轻松松读懂法律。

三、读者一定能用得上

丛书的每一个分册都涵盖了与该领域相关的重要、常用的法律知识，选取的多是典型的真实案例。而法律讲堂部分给出的结论一般是法院通行的判决结果，并附有对应的法律条文依据。读者可以从中查询更多、收获更多。

四、方便阅读与检索

遇到法律问题后，读者朋友可以直接通过查询本书目录，找到相关问题，查看相关案例和点评，找到法律依据，还可以随用随查一部分文书范本。本丛书就像是读者朋友的“私人法律顾问”，遇到法律问题“照方抓药”即可。

五、纠纷能得到顺利合理解决

丛书所选问题常见多发，所选案例典型常见，法律讲堂切中要点，法律依据来源准确，文书范本随用随查，还有“私人法律顾问”般的善意提醒和诉讼指导。有了这一切，相信您的麻烦和纠纷一定能得到顺利合理解决，您的烦恼也会一去不复返！

目录

第一篇　婚姻法律知识

第1章　婚姻效力

第2章　婚姻登记手续

第3章 夫妻权利义务

第4章 婚姻财产关系

第6章 赡养老人

第7章 离婚制度与程序

第8章 离婚时财产分割问题

第9章 离婚时子女抚养问题

第二篇　收养法律知识

第1章　收养的条件

第2章　收养关系的建立与解除

第三篇　继承法律知识

第1章　法定继承

第2章 遗嘱继承与遗赠

第一篇

婚姻法律知识

第1章 婚姻效力

1. 被父母逼迫与他人结婚，该怎么办？

案例背景

阿红和阿海从小青梅竹马。高中毕业后，两人都没考上大学，于是商量着外出打工。打工期间，身在异乡，阿红和阿海相互照顾，相互鼓励。经过长期相处，两人互生情愫，很自然地发展为恋人关系。一年后，阿红和阿海决定回到老家把两人的事情告诉家里人，但遭到了阿红父母的反对。原来阿红父母早已经为女儿物色好了结婚的对象，是村长的儿子阿强。虽然阿强人不错，家里条件也好，但阿红觉得自己喜欢的人是阿海，不愿意嫁给阿强。阿红父母为了让其嫁给阿强，以死相逼。阿红无奈之下与阿强登记结婚。婚后二人过得并不幸福，经常因为小事吵架，阿强甚至还会打骂阿红。阿红感觉这种痛苦的日子实在是过不下去了，却不知该如何是好。

学法有疑

阿红该怎么办呢？

法律讲堂

阿红和阿强之间的婚姻是典型的包办婚姻。所谓包办婚姻是指婚姻关系以外的第三人（包括父母）违反婚姻自由原则，在违背婚姻当事人意愿的情况下，强迫其缔结的婚姻。

根据我国《民法典》的规定，包办、买卖婚姻，其他干涉婚姻自由的行为以及借婚姻索取财物都应被禁止。根据我国《最高人民法院关于人民法院审理离婚案件如何认定夫妻感情确已破裂的若干具体意见》的规定，包办、买卖婚姻，婚后一方提出离婚，或者虽共同生活多年，但确未建立起夫妻感情的，可视为夫妻感情确已破裂，一方坚决要求离婚，调解无效的，可依法判决准予离婚。本案中，阿红在父母的强迫下与阿强登记结婚，并非阿红本人的意愿，而且她与阿强也没有在婚后建立起任何感情，因此，她可以向人民法院要求与阿强离婚。

法律条文

《中华人民共和国民法典》

第一千零四十二条第一款 禁止包办、买卖婚姻和其他干涉婚姻自由的行为。禁止借婚姻索取财物。

《最高人民法院关于人民法院审理离婚案件如何认定夫妻感情确已破裂的若干具体意见》

人民法院审理离婚案件，准予或不准离婚应以夫妻感情是否破裂作为区分的界限。判断夫妻感情是否确已破裂，应当从婚姻基础、婚后感情、离婚原因、夫妻关系的现状和有无和好的可能等方面综合分析。根据婚姻法①的有关规定和审判实践经验，凡属下列情形之一的，视为夫妻感情确已破裂。一方坚决要求离婚，经调解无效，可依法判决准予离婚。

……

6. 包办、买卖婚姻、婚后一方随即提出离婚，或者虽共同生活多年，但确未建立起夫妻感情的。

我国法律实行婚姻自由的原则，这既包括结婚自由，也包括离婚自由。任何人不得违背当事人的自由，父母也不例外，都不得强迫他人结婚，干涉他人的婚姻自由。这一规定充分保护了当事人的人权，符合国际立法的趋势。

---

① 现为《中华人民共和国民法典》。

2. 只举行了婚礼未办理登记属于有效婚姻吗？

案例背景

王某与刘某于2018年6月相恋，半年后决定结婚。但由于王某还未到法定年龄，因此，无法办理结婚登记。于是，两家人决定先举行结婚典礼，等王某到了法定年龄再办理结婚证也不迟。2019年2月，王某与刘某在双方家长的主持下，举行了结婚典礼，亲朋好友都来祝贺。事后，大家都认为他们已经是合法夫妻，二人也觉得办过酒席公开过双方的夫妻关系，婚姻关系就成立了，办不办结婚登记都没事。那么王某和刘某的婚姻属于有效婚姻吗？

学法有疑

只举行了婚礼未办理登记属于有效婚姻吗？

法律讲堂

我国传统的结婚形式是举行婚礼，但法律对结婚是否一定要举行婚礼未做规定。按照我国《民法典》第一千零四十九条的规定，我国实行婚姻登记制度，进行登记是使婚姻合法有效的必经程序，也是唯一形式。因此，结婚必须依法办理结婚登记，不能以是否举行仪式作为婚姻成立与否的标志，更不能以仪式代替登记。也就是说，只举行婚礼而未办理登记的不属于有效婚姻。对于符合法定的结婚条件，举行结婚仪式而未办理结婚登记的，应当按照《民法典》的要求补办结婚登记，才能得到法律的承认和保护。

法律条文

《中华人民共和国民法典》

第一千零四十九条 要求结婚的男女双方应当亲自到婚姻登记机关申请结婚登记。符合本法规定的，予以登记，发给结婚证。完成结婚登记，即确立婚姻关系。未办理结婚登记的，应当补办登记。

《婚姻登记条例》

第四条第一款 内地居民结婚，男女双方应当共同到一方当事人常住户口所在地的婚姻登记机关办理结婚登记。

一句话说法

结婚行为只有满足一定的法定条件才能得到法律的承认和保护。我国实行婚姻登记制度，即想要结婚的男女双方，只有到有关婚姻管理部门登记，其婚姻才具有法律效力。

3. 被威胁而与他人结婚，可以申请撤销婚姻关系吗?

案例背景

李某在一次聚会上认识了何某，两人互留了电话。聚会后的第二天，何某打电话给李某相约见了面，二人相谈甚欢。何某开始追求李某，李某对何某的印象也很不错，就与何某谈起了恋爱。过了一段时间，何某的种种恶习逐渐显露，经常酗酒闹事不说，脾气也非常暴躁。于是，李某向何某提出了分手。但何某不同意，并威胁李某必须马上结婚，否则杀掉李某全家。李某害怕何某做出过激行为，无奈之下与他结了婚。婚后两个月，李某确实很难与何某生活下去，便请求法院撤销婚姻。

学法有疑

法院会支持李某的诉讼请求吗？

法律讲堂

本案是典型的可撤销婚姻。所谓可撤销婚姻，是指婚姻成立时违背某些婚姻要件，依法应当撤销的婚姻。根据我国《民法典》第一千零五十二条的规定，受胁迫而结婚是可撤销婚姻的法定情形。当事人如要撤销婚姻，应当在胁迫行为终止之日起1年内向人民法院提出申请；如果当事人被限制人身自由，应当在恢复人身自由之日起1年内向人民法院提出申请。

本案中，李某是因为受到胁迫而与何某结婚的，符合我国《民法典》规定的可撤销婚姻的法定情节，且从时间看李某提出撤销请求的时间没有超过法定期限，若法院审查后发现确实存在胁迫情形，则应当依法判决撤销婚姻。

法律条文

《中华人民共和国民法典》

第一千零五十二条 因胁迫结婚的，受胁迫的一方可以向人民法院请求撤销婚姻。

请求撤销婚姻的，应当自胁迫行为终止之日起一年内提出。

被非法限制人身自由的当事人请求撤销婚姻的，应当自恢复人身自由之日起一年内提出。

《最高人民法院关于适用〈中华人民共和国婚姻法〉若干问题的解释（一）》

第十条 婚姻法第十一条①所称的“胁迫”，是指行为人以给另一方当事人或者其近亲属的生命、身体健康、名誉、财产等方面造成损害为要挟，迫使另一方当事人违背真实意愿结婚的情况。

因受胁迫而请求撤销婚姻的，只能是受胁迫一方的婚姻关系当事人本人。

对于违背当事人意志自由的行为，我国法律规定当事人是可以向有关部门申请撤销的，比如被胁迫与他人结婚的，被胁迫人就可以申请法院撤销该婚姻。但是，法律同时也对此设定了一定的时限，超过这一时限行使权利，受损害当事人将得不到法律的有效救济。

---

① 现为《中华人民共和国民法典》第一千零五十二条。

4. 男女未婚同居产生矛盾，可以到人民法院起诉吗？

案例背景

张某与刘某就读于北京某大学，是同学也是恋人，毕业后一起留在了北京工作。两人决定先同居但不领证。刚开始两人生活得很幸福，俨然一对小夫妻的样子。但是迫于经济的压力，直到同居一年张某都没有向刘某提出结婚。这时，两人开始发生矛盾，经常因为生活中的小事吵架。最终，刘某因无法忍受继续和张某生活下去而提出了分手。两人在分割财产时产生了矛盾，于是张某向法院提出了诉讼请求。

学法有疑

男女未婚同居产生纠纷，可以到人民法院起诉吗？

法律讲堂

根据《最高人民法院关于适用〈中华人民共和国婚姻法〉若干问题的解释（二）》中第一条第二款规定："当事人因同居期间财产分割或者子女抚养纠纷提起诉讼的，人民法院应当受理。"据此可以得知，法院是会受理同居后一方因分割同居期间财产或子女抚养纠纷而提起的诉讼的。当然，做此规定并不是从法律上肯定非婚同居的正当性，而是为了维护当事人的人身及财产权益。也就是说，未婚同居且事后没有办理婚姻登记的，发生纠纷时也可以运用法律手段维护自身的合法权益，但是未婚同居的关系是无法得到法律保护的，法院只对未婚同居期间发生的财产或子女抚养纠纷进行审判。因此，男女未婚同居产生纠纷，可以到人民法院起诉，但仅限于因财产或子女抚养问题发生的纠纷。

法律条文

《最高人民法院关于适用〈中华人民共和国婚姻法〉若干问题的解释（二）》

第一条 当事人起诉请求解除同居关系的，人民法院不予受理。但当事人请求解除的同居关系，属于婚姻法第三条、第三十二条、第四十六条①规定的“有配偶者与他人同居”的，人民法院应当受理并依法予以解除。

当事人因同居期间财产分割或者子女抚养纠纷提起诉讼的，人民法院应当受理。

同居不等于结婚，其不能受到我国《民法典》有关婚姻方面的保护，但是双方当事人的合法权益，包括同居期间发生的财产或子女抚养权益仍会受到法律的保护。

---

① 现分别为《中华人民共和国民法典》第一千零四十二条、第一千零七十九条、第一千零九十一条。

5. 婚姻关系可撤销的情况有哪些？

案例背景

张某与女友李某是大学同学，感情一直很好。两人本来说好毕业后就结婚，可当张某向李某求婚的那一刻，却遭到了李某的拒绝。李某告诉张某，自己爱上了另一个男人，不能和张某结婚了。张某一听，非常生气，觉得李某背叛了自己。性格偏执的张某一气之下威胁李某如果不答应与其结婚，就杀了她。李某怕张某冲动，无奈与其结婚。婚后，李某根本无法忍受和张某生活，遂请求法院撤销其与张某的婚姻关系。

学法有疑

法院会受理李某的请求吗？

法律讲堂

法院会受理并支持李某的诉讼请求。根据我国《民法典》第一千零五十二条的规定，因胁迫结婚的，受胁迫的一方可以向人民法院请求撤销该婚姻。这里所说的“胁迫”是指行为人以给另一方当事人或者其近亲属的生命、身体健康、名誉、财产等方面造成损害为要挟，迫使另一方当事人违背真实意愿结婚的情况。

本案中，张某以不同意结婚就会杀了李某为要挟，迫使李某与自己结婚，由此可见，李某是因为受到胁迫而与张某结婚的，属于我国《民法典》规定的可撤销婚姻，受胁迫一方李某可以依法请求人民法院撤销该婚姻，法院也会受理并会支持李某的请求，依法作出判决，保护李某的合法权益。

法律条文

《中华人民共和国民法典》

第一千零五十二条 因胁迫结婚的，受胁迫的一方可以向人民法院请求撤销婚姻。

请求撤销婚姻的，应当自胁迫行为终止之日起一年内提出。

被非法限制人身自由的当事人请求撤销婚姻的，应当自恢复人身自由之日起一年内提出。

《最高人民法院关于适用〈中华人民共和国婚姻法〉若干问题的解释（一）》

第十条 婚姻法第十一条[①]所称的“胁迫”，是指行为人以给另一方当事人或者其近亲属的生命、身体健康、名誉、财产等方面造成损害为要挟，迫使另一方当事人违背真实意愿结婚的情况。

因受胁迫而请求撤销婚姻的，只能是受胁迫一方的婚姻关系当事人本人。

一句话说法

我国实行婚姻自由、一夫一妻、男女平等的婚姻制度。受胁迫婚姻系一方当事人迫使另一方当事人违背真实意愿与其结婚，违背了婚姻自由原则，因此，受胁迫的一方当事人有权向人民法院请求撤销该婚姻。

---

① 现为《中华人民共和国民法典》第一千零五十二条。

6. 被谎称“富二代”的人欺骗结婚，能申请撤销婚姻吗？

案例背景

林某大学毕业后一直梦想着能嫁入豪门。在一次朋友聚会上，林某认识了青年男子赵某。当晚，两人聊得很高兴，并互换了联系方式，赵某还谎称自己是某富商的儿子。后来，赵某一直以“富二代”的身份与林某相处，甚至还向林某求婚，林某想到自己马上要嫁进豪门了，毫不犹豫地答应了赵某的求婚。结婚后，林某才知道赵某根本不是什么“富二代”，于是向法院申请撤销自己与赵某的婚姻。

学法有疑

两人的婚姻属于可撤销婚姻吗？

法律讲堂

两人的婚姻不属于可撤销婚姻。我国《民法典》明确规定，只有在结婚时有胁迫情节或一方当事人故意隐瞒自己患有重大疾病而与另一方结婚的情况，法院才会受理可撤销婚姻的请求诉权，否则不予受理。法院对采用欺骗手段与另一方结婚的，视不同情况给予不同认定：如果属于隐瞒了法律上禁止结婚或婚姻无效的情形，则依据《民法典》的规定，判决婚姻无效；如果只是隐瞒了家庭经济条件等信息的，那么以有效婚姻论处。

本案中，赵某谎称自己是“富二代”并和林某结婚，只是隐瞒了自己的家庭经济条件，并没有胁迫林某，因而两人之间的婚姻不属于可撤销婚姻，林某申请撤销自己与赵某婚姻的请求不会被法院支持。

法律条文

《中华人民共和国民法典》

第一千零四十八条 直系血亲或者三代以内的旁系血亲禁止

结婚。

第一千零五十一条 有下列情形之一的，婚姻无效：

（一）重婚；

（二）有禁止结婚的亲属关系；

（三）未到法定婚龄。

第一千零五十二条 因胁迫结婚的，受胁迫的一方可以向人民法院请求撤销婚姻。

请求撤销婚姻的，应当自胁迫行为终止之日起一年内提出。

被非法限制人身自由的当事人请求撤销婚姻的，应当自恢复人身自由之日起一年内提出。

第一千零五十三条 一方患有重大疾病的，应当在结婚登记前如实告知另一方；不如实告知的，另一方可以向人民法院请求撤销婚姻。

请求撤销婚姻的，应当自知道或者应当知道撤销事由之日起一年内提出。

《最高人民法院关于适用〈中华人民共和国婚姻法〉若干问题的解释（一）》

第十条第一款 婚姻法第十一条①所称的“胁迫”，是指行为人以给另一方当事人或者其近亲属的生命、身体健康、名誉、财产等方面造成损害为要挟，迫使另一方当事人违背真实意愿结婚的情况。

因受胁迫结婚的属于可撤销婚姻，可撤销婚姻是违背当事人的真实意愿而成立的婚姻关系，故法律赋予受胁迫一方可以向人民法院申请撤销该婚姻的权利。被撤销的婚姻自始无效，当事人不具有夫妻的权利和义务。

---

① 现为《中华人民共和国民法典》第一千零五十二条。

7. 丈夫婚前患有性病，婚后妻子能以此为由请求宣告婚姻无效吗?

案例背景

邓某大学毕业后进入一家外企工作，乐观开朗的她很快融入了集体，结交了不少好朋友，其中也包括吴某。邓某与吴某相识后，很快发展为恋人。一年后，两人登记结婚。婚后，邓某一直觉得自己下体不适，到医院检查发现自己染上了梅毒。于是邓某再三追问吴某，吴某终于承认了自己在结婚前因私生活放荡而患有梅毒的事实。邓某因此向法院申请宣告婚姻无效。

学法有疑

邓某可以向法院申请宣告婚姻无效吗?

法律讲堂

邓某不可以向法院申请宣告婚姻无效，仅能申请撤销婚姻。《民法典》对可撤销婚姻和无效婚姻的法定情形进行了修改，该法第一千零五十三条规定："一方患有重大疾病的，应当在结婚登记前如实告知另一方；不如实告知的，另一方可以向人民法院请求撤销婚姻。请求撤销婚姻的，应当自知道或者应当知道撤销事由之日起一年内提出。"可见，一方患有重大疾病（含医学上认为不应当结婚的疾病）不再是导致婚姻无效的原因，其仅属于可撤销婚姻的法定情形之一。按照我国《民法典》的规定，梅毒是性病的一种，属于法律规定的影响结婚和生育的传染病，患有此病的人在结婚前应如实告知另一方，如果不如实告知而与对方结婚的，另一方可以向人民法院请求撤销婚姻。本案中，吴某患有梅毒，在尚未治愈的情况下就与邓某结婚，且未如实告知邓某，导致邓某患病，二人之间形成的婚姻属于可撤销婚姻，邓某可以向法院申请撤销。

法律条文

《中华人民共和国民法典》

第一千零五十三条 一方患有重大疾病的，应当在结婚登记前如实告知另一方；不如实告知的，另一方可以向人民法院请求撤销婚姻。

请求撤销婚姻的，应当自知道或者应当知道撤销事由之日起一年内提出。

《中华人民共和国母婴保健法》

第三十八条 本法下列用语的含义：

指定传染病，是指《中华人民共和国传染病防治法》中规定的艾滋病、淋病、梅毒、麻风病以及医学上认为影响结婚和生育的其他传染病。

严重遗传性疾病，是指由于遗传因素先天形成，患者全部或者部分丧失自主生活能力，后代再现风险高，医学上认为不宜生育的遗传性疾病。

有关精神病，是指精神分裂症、躁狂抑郁型精神病以及其他重型精神病。

产前诊断，是指对胎儿进行先天性缺陷和遗传性疾病的诊断。

一句话说法

患有医学上认为不宜结婚的疾病主要包括：艾滋病、淋病、梅毒、麻风病等传染性疾病；精神分裂症、躁狂抑郁型精神病以及其他重型精神病；生殖器官发育异常，不能进行性生活，且无法矫治者。患有这些疾病的人不仅自身健康受到损害，对于有些疾病来说，还可能传染给配偶，祸及后代。但是，每个人都依法享有婚姻自主权，法律并不严格禁止其结婚，但要求患有这些疾病的人在结婚前应如实告知结婚对象。

8. 当事人能否因婚姻被宣告无效而上诉？

案例背景

严甲与严乙是堂兄妹，两人年龄相仿，从小一起长大，有着深厚的感情。长大后，两人不顾家人反对，相恋并且登记结婚。婚后第二年，严甲一心忙于事业，无心照顾严乙及家庭，严乙经常因此与其争吵。不久两人感情出现矛盾，于是严乙提出离婚，但严甲不同意。无奈之下，严乙向法院提出了离婚诉讼的请求。法院通过调查了解，得知两人是堂兄妹关系，于是判决宣告其婚姻无效。严甲对此不服，提出上诉。

学法有疑

严甲对此不服，可以上诉吗？

法律讲堂

严甲不可以上诉。我国《民法典》第一千零四十八条明确规定直系血亲和三代以内的旁系血亲禁止结婚，严乙与严甲是堂兄妹，属于有禁止结婚的亲属关系。法院受理严乙提出的离婚诉讼后，经审查发现其婚姻属无效婚姻，依法判决宣告其婚姻无效的做法是正确的。同时，根据《最高人民法院关于适用〈中华人民共和国婚姻法〉若干问题的解释（一）》的相关规定，人民法院有关婚姻效力的判决一经作出即发生法律效力，也就是说，当事人对此不得上诉。但是，如果当事人对财产分割与子女抚养问题的判决不服，可以上诉。

法律条文

《中华人民共和国民法典》

第一千零四十八条　直系血亲或者三代以内的旁系血亲禁止结婚。

第一千零五十一条 有下列情形之一的，婚姻无效：

（一）重婚；

（二）有禁止结婚的亲属关系；

（三）未到法定婚龄。

《最高人民法院关于适用〈中华人民共和国婚姻法〉若干问题的解释（二）》

第三条 人民法院受理离婚案件后，经审查确属无效婚姻的，应当将婚姻无效的情形告知当事人，并依法作出宣告婚姻无效的判决。

《最高人民法院关于适用〈中华人民共和国婚姻法〉若干问题的解释（一）》

第九条 人民法院审理宣告婚姻无效案件，对婚姻效力的审理不适用调解，应当依法作出判决；有关婚姻效力的判决一经作出，即发生法律效力。

涉及财产分割和子女抚养的，可以调解。调解达成协议的，另行制作调解书。对财产分割和子女抚养问题的判决不服的，当事人可以上诉。

导致婚姻无效的事由是法定的，无效婚姻一经当事人申请，法院判决确属无效的，属于终局性判决，当事人无权上诉，即使申请上诉，法院也不会审受理。但如果当事人对涉及财产分割和子女抚养问题的判决不服的，可以在规定时间内上诉，法院应该受理，判决生效后也可申诉。

9. 婚姻无效或被撤销后有什么后果？

案例背景

孟某与妻子李某结婚的第二年，孟某成立了一家食品运输公司，经济效益一直很好，李某也辞去了以前的工作，在家相夫教子。自成立公司以来，孟某需要交往的人很多，也经常出席各种商业聚会。一次，孟某在聚会上认识了杨某并对其产生了爱慕之情。杨某让孟某与妻子离婚，但孟某既不愿意与妻子离婚又不想失去杨某，便骗杨某自己已经离婚，并与杨某在另一城市再次结婚。李某知情后，向法院提出了宣布孟某与杨某婚姻无效的请求。

学法有疑

法院宣布孟某与杨某婚姻无效后会产生什么后果？

法律讲堂

根据我国《民法典》第一千零五十四条的规定，无效或被撤销的婚姻，自始无效。当事人不具有夫妻的权利和义务。同居期间所得的财产，由当事人协议处理；协议不成时，由人民法院根据照顾无过错方的原则判决。对重婚导致的婚姻无效的财产处理，不得侵害合法婚姻当事人的财产权益。当事人所生的子女，适用《民法典》有关父母子女的规定。因此，本案中孟某与杨某的婚姻自始无效，孟某的收入中属于夫妻共同财产的部分李某有权要回。

法律条文

《中华人民共和国民法典》

第一千零五十四条 无效的或者被撤销的婚姻自始没有法律约束力，当事人不具有夫妻的权利和义务。同居期间所得的财产，由当事人协议处理；协议不成的，由人民法院根据照顾无过错方的原则判决。对重婚导致的无效婚姻的财产处理，不得侵害合法婚姻当事人的财产权益。当事人所生的子女，适用本法关于父母子女的规定。

婚姻无效或者被撤销的，无过错方有权请求损害赔偿。

一句话说法

重婚属于法定的婚姻无效的情形之一。因重婚被宣告婚姻无效后，当事人之间无配偶身份，不具有夫妻的权利和义务；同居期间所得财产由双方协商处理，协商不成的，法院按照照顾无过错方的原则判决，不得损害合法婚姻当事人的财产权益；但重婚期间所生的子女与合法婚姻所生子女享有的权利相同。

第2章 婚姻登记手续

10. 中国公民同外国人结婚应当去哪里办理婚姻登记?

案例背景

北京人小艺在一次出差时认识了美国人乔治，小艺回国后两人也经常通信往来。后来乔治调来中国工作，经常与小艺见面约会，两人渐生情愫。经过两年的相处，两人觉得感情已经稳定，乔治就决定留在中国和小艺组建家庭。当乔治向小艺求婚的时候，小艺非常开心地答应了。在乔治去见小艺的父母时，小艺的母亲说："你们什么时候去把结婚登记办了吧。"那么乔治和小艺应当去哪里办理结婚登记呢?

学法有疑

小艺该和乔治去何处办理结婚登记?

法律讲堂

当婚姻关系中的当事人都是中国人时，双方到任何一方的户口所在地的县、区级的婚姻登记机关办理婚姻登记都可以。但是在本案中小艺是中国公民，而乔治是美国公民，他们应该去哪里办理结婚登记呢?

根据我国《婚姻登记条例》第二条第二款的规定："中国公民同外国人，内地居民同香港特别行政区居民（以下简称香港居民）、澳门特别行政区居民（以下简称澳门居民）、台湾地区居民（以下简称台湾居民）、华侨办理婚姻登记的机关是省、自治区、直辖市人民政府民政部门或者省、自治区、直辖市人民政府民政部门确定的机关。”由此可见，中国公民同外国人办理婚姻登记的机关是省、自治区、直辖市人民政府民政部门或者省、自治区、直辖市人民政府民政部门确定的机关。那么，小艺作为北京人可以和乔治去北京市人民政府的民政部门办理婚姻登记。

法律条文

《婚姻登记条例》

第二条第二款 中国公民同外国人，内地居民同香港特别行政区居民（以下简称香港居民）、澳门特别行政区居民（以下简称澳门居民）、台湾地区居民（以下简称台湾居民）、华侨办理婚姻登记的机关是省、自治区、直辖市人民政府民政部门或者省、自治区、直辖市人民政府民政部门确定的机关。

在我国只有经过婚姻登记的夫妻关系才会被法律所认可和保护。中国人和外国人在中国结婚，双方之间的婚姻关系想要受到中国法律的保护，就应当按照中国法律的规定办理婚姻登记。根据我国法律的规定，他们应当去省、自治区、直辖市的人民政府民政部门或者其确定的机关办理结婚登记。

11. 婚姻登记机关发现有哪些情形时，应当不予办理登记？

案例背景

倩倩和小军都是农村孩子，两人中学毕业就没有再上学了。去年，媒人介绍两人相识，随后倩倩和小军一直以男女朋友关系相处着。如今两人已满19岁，家里人觉得他们年纪不小该成家立业了。于是，两家张罗着为两人筹办婚礼，在农村大家都认为只要是办过婚礼，那么婚姻就成立了，因此，两家也都没有想过要让孩子们办理结婚登记的事情。在两人办过婚礼之后，倩倩对小军说，我上大学的同学告诉我经过政府部门登记的婚姻才受国家法律的保护，咱们也去登记吧。但是当两人带着身份证、户口簿来到县人民政府民政部门登记时，却被告知两人不仅手续不全，还不符合准予婚姻登记的情形，不能办理婚姻登记。

学法有疑

倩倩和小军为什么不符合准予婚姻登记的情形，还有哪些情形下婚姻登记机关不予办理婚姻登记呢？

法律讲堂

我国《民法典》规定当事人只有达到法定的结婚年龄，即男满22周岁、女满20周岁的才可以结婚，没有达到法定婚龄的，婚姻登记机关是不予办理结婚登记的。同时，我国遵循一夫一妻制原则、结婚应自愿原则，凡是不符合这些原则的婚姻，婚姻登记机关是无法给予登记的。为了提高人口素质，我国历来禁止近亲结婚，也就是说结婚双方是直系血亲或者三代以内旁系血亲的，婚姻登记机关也是不予办理结婚登记的。

因此，根据我国《民法典》和《婚姻登记条例》的规定，婚姻登记机关发现去办理结婚登记的当事人有以下任何一种情形的，都应当不予办理结婚登记：（1）没有达到法定结婚年龄的；（2）双方非自愿的；（3）一方或者双方已经有配偶的；（4）双方属于直系血亲或者三代以内旁系血亲关系的。在本案中，倩倩和小军才刚满19周岁，属于不满法定结婚年龄的情形，所以婚姻登记机关不予办理结婚登记。

法律条文

《中华人民共和国民法典》

第一千零四十六条 结婚应当男女双方完全自愿，禁止任何一方对另一方加以强迫，禁止任何组织或者个人加以干涉。

第一千零四十七条 结婚年龄，男不得早于二十二周岁，女不得早于二十周岁。

第一千零四十八条 直系血亲或者三代以内的旁系血亲禁止结婚。

第一千零五十一条 有下列情形之一的，婚姻无效：

（一）重婚；

（二）有禁止结婚的亲属关系；

（三）未到法定婚龄。

为了规范婚姻登记工作的进行，也为了保证婚姻当事人的合法权益，婚姻登记机关在办理结婚登记时发现有禁止结婚的情形、无效婚姻的情形，应当不予办理结婚登记。

12. 夫妻双方办理离婚登记时应带齐哪些材料呢？

案例背景

张女士和蒋先生经人介绍相识，由于两人早已经过了适婚年龄，开始交往时对双方也都还算满意，遂在相识三个月后就办理了结婚登记。但是婚后的生活却并不如同想象的一般幸福美满，两人开始为了生活中的琐事争吵，渐渐地觉得双方在生活习惯、思想观念等方面都存在着很大的差距。经过协商，两人都觉得既然还没有孩子，财产也好分配，不如就登记离婚吧。

学法有疑

张女士和蒋先生去登记离婚都需要带什么材料呢？

法律讲堂

在我国，解除婚姻关系有两种途径，一种是登记离婚，一种是诉讼离婚。如果双方当事人都同意离婚，并且能对夫妻共同财产的分割、孩子的抚养权等相关问题达成协议，那么登记离婚是快捷简便的。我国《婚姻登记条例》第十一条规定，内地的当事人去办理离婚登记，应当出具本人的户口簿、身份证、结婚证以及双方签署的离婚协议书等证件等材料。

所以在本案中，张女士和蒋先生应当带齐双方的户口簿、身份证、结婚证及其签署的离婚协议书，去当地的婚姻登记机关即可办理离婚登记。

法律条文

《婚姻登记条例》

第十一条 办理离婚登记的内地居民应当出具下列证件和证明材料：

（一）本人的户口簿、身份证；

（二）本人的结婚证；

（三）双方当事人共同签署的离婚协议书。

办理离婚登记的香港居民、澳门居民、台湾居民、华侨、外国人除应当出具前款第（二）项、第（三）项规定的证件、证明材料外，香港居民、澳门居民、台湾居民还应当出具本人的有效通行证、身份证，华侨、外国人还应当出具本人的有效护照或者其他有效国际旅行证件。

离婚协议书应当载明双方当事人自愿离婚的意思表示以及对子女抚养、财产及债务处理等事项协商一致的意见。

一句话说法

对待婚姻我们应当慎重，慎重结婚也应当慎重离婚。当两个人在一起不适合的时候，如果能够协议离婚那是最好的。去办理离婚登记时，双方当事人应当带上户口簿、身份证、结婚证和已经签署好的离婚协议书。

13. 结婚证、离婚证遗失或者毁损时应当如何补办？

案例背景

小洁和小辉是一对“80后”的小夫妻，虽然日常生活中总会吵吵闹闹，但是没有闹过大矛盾。近日小洁发现小辉行为异常，怀疑他做了对不起自己的事情，就又与其争吵起来，一气之下拿出两人的结婚证说要离婚，并将它们撕毁了。后来经过小辉的表姐从中调解、澄清事实，小洁才发现是自己误会了小辉，遂与小辉重归于好，两人商量着去补办结婚证。

学法有疑

小洁和小辉去补办结婚证都需要什么手续呢？

法律讲堂

结婚证、离婚证是国家机关颁发的证明一个人存在婚姻关系或者不存在婚姻关系的最重要的证明。对于结婚证、离婚证，当事人应当妥善保管，但也会发生当事人不慎将结婚证、离婚证丢失、毁损的情形。我国《婚姻登记条例》第十七条规定：“结婚证、离婚证遗失或者损毁的，当事人可以持户口簿、身份证向原办理婚姻登记的机关或者一方当事人常住户口所在地的婚姻登记机关申请补领。婚姻登记机关对当事人的婚姻登记档案进行查证，确认属实的，应当为当事人补发结婚证、离婚证。”

所以本案中，小洁和小辉应当带着户口簿、身份证向他们当初登记的婚姻登记机关或者一方户口所在地的婚姻登记机关补办结婚证。

法律条文

《婚姻登记条例》

第十七条 结婚证、离婚证遗失或者损毁的，当事人可以持户口簿、身份证向原办理婚姻登记的机关或者一方当事人常住户口所在地的婚姻登记机关申请补领。婚姻登记机关对当事人的婚姻登记档案进行查证，确认属实的，应当为当事人补发结婚证、离婚证。

一句话说法

生活中在很多情形下需要结婚证或离婚证证明当事人存在或者不存在婚姻关系，所以当事人应当妥善保管结婚证或离婚证。一旦发生遗失或者毁损情形的，当事人应当及时向婚姻登记机关申请补领。

第3章 夫妻权利义务

14. 丈夫有权要求妻子做全职太太吗?

案例背景

赵某大学毕业后没有像其他同学一样找工作，而是自己成立了一家公司。公司经营两年来，效益一直不错，赵某也挣了不少钱。在事业上蓬勃发展的赵某一直处于单身的状态，直到在一次同学聚会上碰到了张某，两人相谈甚欢，很快便确认了恋爱关系。恋爱一年后，两人感情非常稳定，于是决定结婚。但婚后赵某要求张某在家做全职太太，不能出去工作。张某不同意，甚至觉得赵某的这种做法已经限制了自己的自由，双方为此发生争执。

学法有疑

赵某有权要求妻子做全职太太吗？

法律讲堂

本案中，赵某无权要求妻子在家赋闲做全职太太，除非妻子自愿。劳动是《宪法》赋予每个中国公民的权利，任何人都不能干涉，即使是互有夫妻间权利义务关系的丈夫对妻子是否参加劳动，也是不能干涉的。我国《民法典》第一千零五十七条也规定，夫妻双方都有参加生产、工作、学习和社会活动的自由，一方不得对另一方加以限制或者干涉。可见，夫妻之间是平等的，不是领导与被领导的关系，应该相互尊重。

法律条文

《中华人民共和国宪法》

第四十二条第一款　中华人民共和国公民有劳动的权利和义务。

第四十八条第一款　中华人民共和国妇女在政治的、经济的、文化的、社会的和家庭的生活等各方面享有同男子平等的权利。

《中华人民共和国民法典》

第一千零五十七条　夫妻双方都有参加生产、工作、学习和社会活动的自由，一方不得对另一方加以限制或者干涉。

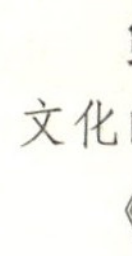

一句话说法

平等是宪法的基本原则之一，也是《民法典》婚姻家庭编的基本原则。夫妻双方在婚姻关系中应当地位平等、互相尊重。任何一方不得对他方的合法行为进行限制或者干涉，如此不但有损夫妻感情，也为法律所禁止。

15. 家庭暴力指的是什么？实施家庭暴力是否构成犯罪？

案例背景

严某与夏某是大学同学，毕业后走到了一起。恋爱半年后，两人决定登记结婚。婚后的生活既平淡又幸福，小两口都非常满足。结婚第二年，严某在事业上陷入了低潮，整天泡在酒吧里喝得醉醺醺后才回家，喝醉了还会谩骂、殴打夏某。一开始夏某并没有在意，以为严某过了这段低潮期就会好的。但事情并不是夏某想的那样，半年过去了，严某依旧如此。夏某再也忍不下去了，就与严某发生了争吵，严某恼羞成怒，将夏某殴打成重伤。

学法有疑

严某的行为是否属于家庭暴力？

法律讲堂

严某的行为属于家庭暴力。家庭暴力，是指发生在家庭成员之间的，以殴打、捆绑、禁闭、残害、限制人身自由、经常性谩骂、恐吓或者其他手段对家庭成员从身体、精神、性等方面进行伤害和摧残的行为。家庭暴力直接作用于受害者身体，使受害者身体上或精神上感到痛苦，损害其身体健康和人格尊严。本案中，严某对妻子施以暴力，将妻子打成重伤，已经构成了犯罪，应当被追究刑事责任。

法律条文

《中华人民共和国民法典》

第一千零四十二条第三款 禁止家庭暴力。禁止家庭成员间的虐待和遗弃。

《中华人民共和国反家庭暴力法》

第二条 本法所称家庭暴力，是指家庭成员之间以殴打、捆绑、残害、限制人身自由以及经常性谩骂、恐吓等方式实施的身体、精神等侵害行为。

第三十三条 加害人实施家庭暴力，构成违反治安管理行为的，依法给予治安管理处罚；构成犯罪的，依法追究刑事责任。

《中华人民共和国刑法》

第二百三十四条 故意伤害他人身体的，处三年以下有期徒刑、拘役或者管制。

犯前款罪，致人重伤的，处三年以上十年以下有期徒刑；致人死亡或者以特别残忍手段致人重伤造成严重残疾的，处十年以上有期徒刑、无期徒刑或者死刑。本法另有规定的，依照规定。

第二百六十条 虐待家庭成员，情节恶劣的，处二年以下有期徒刑、拘役或者管制。

犯前款罪，致使被害人重伤、死亡的，处二年以上七年以下有期徒刑。

第一款罪，告诉的才处理，但被害人没有能力告诉，或者因受到强制、威吓无法告诉的除外。

每个公民都享有人身不受他人侵犯的权利。无论夫妻之间还是父母与子女之间均需相互尊重，不得实施暴力行为。因家庭暴力造成伤害的，受害人有权向法院提起诉讼。

16. 被家暴者应如何维护自身的合法权益?

案例背景

孙某与丈夫金某是经人介绍认识的，两人相识不久就领证结婚了。一开始，丈夫金某对孙某还是挺好的，但自从他们的女儿出生后，金某就像变了一个人似的，总是动不动就对孙某拳打脚踢；即使女儿在旁边，只要金某气不顺，也会对孙某拳脚相向。一次，孙某晚回家半个小时，金某对其又打又骂，女儿跑过来阻拦，也被金某打伤了。孙某的好友王某得知了孙某这些年被家暴的遭遇，建议孙某向当地公安机关报案或向当地居民委员会求助。

学法有疑

被家暴者应如何维护自身的合法权益?

法律讲堂

本案中，孙某长期遭受着丈夫金某的家庭暴力，作为家暴的受害者，其或者其近亲属可以通过向金某或孙某所在单位、居民委员会、村民委员会、妇女联合会等单位投诉、反映或求助、向公安机关报案、依法向人民法院起诉，或向人民法院申请人身安全保护令等方式，来保护孙某的合法权益不受侵害。

为了保护被家暴者的合法权益不受侵害，我国法律明确规定，遭受家庭暴力的人及其法定代理人、近亲属可以向其所在单位、居民委员会、村民委员会、妇女联合会等单位寻求帮助，也可以向公安机关报案或者依法向人民法院起诉；而有关单位接到家庭暴力投诉、反映或者求助后，应当给予帮助并进行处理。如果单位、个人发现正在发生的家庭暴力行为，也有权及时进行劝阻。当然，当事人因遭受家庭暴力或者面临家庭暴力的现实危险，也可以选择向人民法院申请人身保护令来保护自身合法权益不受侵害。如果当事人是无民事行为能力人、限制民事行为能力人，或者因受到强制、威吓等原因无法申请人身安全保护令的，其近亲属、妇女联合会、居民委员会等可以代为申请。

法律条文

《中华人民共和国反家庭暴力法》

第十三条 家庭暴力受害人及其法定代理人、近亲属可以向加害人或者受害人所在单位、居民委员会、村民委员会、妇女联合会等单位投诉、反映或者求助。有关单位接到家庭暴力投诉、反映或者求助后，应当给予帮助、处理。

家庭暴力受害人及其法定代理人、近亲属也可以向公安机关报案或者依法向人民法院起诉。

单位、个人发现正在发生的家庭暴力行为，有权及时劝阻。

第二十三条 当事人因遭受家庭暴力或者面临家庭暴力的现实危险，向人民法院申请人身安全保护令的，人民法院应当受理。

当事人是无民事行为能力人、限制民事行为能力人，或者因受到强制、威胁等原因无法申请人身安全保护令的，其近亲属、公安机关、妇女联合会、居民委员会、村民委员会、救助管理机构可以代为申请。

家庭暴力不仅会使被家暴者身体权利受到侵犯，而且还会使其精神遭到严重的摧残；同时，会营造一种不和谐的家庭氛围，对孩子的身心成长十分不利。为了预防和制止家庭暴力，保护家庭成员的合法权益，维护和睦的家庭关系，我国专门出台了《反家庭暴力法》，该法律明确规定了被家暴者可以通过向所在居民委员会、村民委员会等单位求助、向公安机关报案，或向人民法院起诉，再或者向法院申请人身保护令等方式，来维护自身的合法权益。

17. 因丈夫出轨而导致婚姻终结，妻子有权主张精神损害赔偿吗？

案例背景

李某与妻子田某结婚后，进入一家房地产公司做部门经理。最近，该公司正在开发一个项目，李某作为该项目的负责人，经常带秘书出差。李某的秘书不但温柔漂亮，而且工作能力非常强，李某难免不为之心动。于是，李某经常以出差为由与秘书同居，对家里的事情很少关心。后来，田某发现了李某出轨一事，遂向法院提出了离婚诉讼，并要求李某对其进行精神损害赔偿。

学法有疑

田某有权主张精神损害赔偿吗？

法律讲堂

根据我国《民法典》第一千零九十一条的规定，有配偶者与他人同居而导致离婚的，无过错方有权请求损害赔偿。此外《最高人民法院关于适用〈中华人民共和国婚姻法〉若干问题的解释（二）》第二十七条也规定："当事人在婚姻登记机关办理离婚登记手续后，以婚姻法第四十六条规定为由向人民法院提出损害赔偿请求的，人民法院应当受理。但当事人在协议离婚时已经明确表示放弃该项请求，或者在办理离婚登记手续一年后提出的，不予支持。"

由此可见，田某向李某提出精神损害赔偿是合理合法的。但需要注意的是：当事人在协议离婚时已经明确表示放弃该项请求，或者在办理离婚登记手续一年后提出的，法院对该请求不再予以支持。

法律条文

《中华人民共和国民法典》

第一千零九十一条 有下列情形之一，导致离婚的，无过错方有权请求损害赔偿：

（一）重婚；

（二）与他人同居；

（三）实施家庭暴力；

（四）虐待、遗弃家庭成员；

（五）有其他重大过错。

《最高人民法院关于适用〈中华人民共和国婚姻法〉若干问题的解释（二）》

第二十七条 当事人在婚姻登记机关办理离婚登记手续后，以婚姻法第四十六条①规定为由向人民法院提出损害赔偿请求的，人民法院应当受理。但当事人在协议离婚时已经明确表示放弃该项请求，或者在办理离婚登记手续一年后提出的，不予支持。

精神损害赔偿在离婚诉讼中并不均能够得到法院的支持。对于有配偶者与他人同居的情形，无过错方可以请求精神损害赔偿，这样规定不仅有利于对婚姻受害一方的保护，也有利于扶正社会风气。

---

① 现为《中华人民共和国民法典》第一千零九十一条。

18. 丈夫有外遇，妻子要求丈夫对其进行精神损害赔偿而不离婚，法院会支持吗？

案例背景

孟某与妻子张某在高中时就互有好感，后来两人又考进了同一所大学，自然而然地走到了一起。恋爱期间，孟某对张某关怀备至，身边的同学都羡慕张某找了一个好男友。大学毕业后，两人迅速结了婚。婚后没多久，孟某在网上认识了一个女孩小青，并经常与其私下约会，甚至同居。张某知道此事后非常生气，便向法院提出请求，请求在保持婚姻关系的情况下，让孟某对自己进行精神损害赔偿。

学法有疑

法院会支持张某的请求吗？

法律讲堂

根据我国《民法典》第一千零九十一条的规定，有配偶者与他人同居而导致离婚的，无过错方有权请求损害赔偿。但是，《最高人民法院关于适用〈中华人民共和国婚姻法〉若干问题的解释（一）》第二十九条第一款、第二款明确规定："承担婚姻法第四十六条①规定的损害赔偿责任的主体，为离婚诉讼当事人中无过错方的配偶。人民法院判决不准离婚的案件，对于当事人基于婚姻法第四十六条提出的损害赔偿请求，不予支持。"由此可见，如果孟某与张某没有离婚，张某是不能要求丈夫对自己进行精神损害赔偿的。

---

① 现为《中华人民共和国民法典》第一千零九十一条。

法律条文

《中华人民共和国民法典》

第一千零九十一条 有下列情形之一，导致离婚的，无过错方有权请求损害赔偿：

（一）重婚；

（二）与他人同居；

（三）实施家庭暴力；

（四）虐待、遗弃家庭成员；

（五）有其他重大过错。

《最高人民法院关于适用〈中华人民共和国婚姻法〉若干问题的解释（一）》

第二十九条 承担婚姻法第四十六条规定的损害赔偿责任的主体，为离婚诉讼当事人中无过错方的配偶。

人民法院判决不准离婚的案件，对于当事人基于婚姻法第四十六条提出的损害赔偿请求，不予支持。

在婚姻关系存续期间，当事人不起诉离婚而单独依据该条规定提起损害赔偿请求的，人民法院不予受理。

一句话说法

在夫妻关系存续期间，让丈夫对妻子进行精神损害赔偿，实质上是把左口袋的钱放进右口袋。这样的判决没有实际的意义，只会浪费司法资源，所以我国对此采取了“不予支持”的态度。

19. 妻子被丈夫强迫发生性行为的，该怎么办？

案例背景

李某与丈夫王某经他人介绍认识，两人相处不到一个月就闪电结婚了。婚后王某不但游手好闲、不思进取，而且经常酗酒赌博，于是李某向王某提出离婚，但王某不同意。一天早上，李某如往常一样正要出门时，却被王某拦住苦苦哀求不要离婚，并要求与她发生性行为。李某不从，二人便发生撕打，李某多处受伤，最终因势单力薄而让王某得逞。

学法有疑

李某可以向公安机关报案控告王某强奸吗？

法律讲堂

本案中李某遭遇的情况应当属于“婚内强奸”问题，但我国《刑法》中并没有关于“婚内强奸”的规定。从表面上看，王某违背李某的意愿使用强迫手段与之发生性行为，符合强奸罪的特征，但由于他们之间夫妻关系的存在，其性权利是受到法律保护的。夫妻双方对发生性行为没有达成统一意见时，一方因使用强迫手段而被认定为强奸于法无据。

因此，李某无法要求司法机关追究王某的“强奸罪”。但是李某可以遭受到家庭暴力为由提出离婚，并因身体遭受的伤害而请求赔偿甚至追究王某的刑事责任。如果王某的行为尚不够刑事处罚，李某可以请求公安机关依《治安管理处罚法》第四十三条第一款的规定，对王某进行处罚。

法律讲堂

《中华人民共和国刑法》

第二百三十四条第一款 故意伤害他人身体的，处三年以下有期徒刑、拘役或者管制。

第二百三十六条第一款 以暴力、胁迫或者其他手段强奸妇女的，处三年以上十年以下有期徒刑。

《中华人民共和国民法典》

第一千零九十一条 有下列情形之一，导致离婚的，无过错方有权请求损害赔偿：

（一）重婚；

（二）与他人同居；

（三）实施家庭暴力；

（四）虐待、遗弃家庭成员；

（五）有其他重大过错。

《中华人民共和国治安管理处罚法》

第四十三条第一款 殴打他人的，或者故意伤害他人身体的，处五日以上十日以下拘留，并处二百元以上五百元以下罚款；情节较轻的，处五日以下拘留或者五百元以下罚款。

一句话说法

婚内强行发生性行为是否构成“强奸”，是一个有争议的话题，我国目前尚未对“婚内强奸”立法。司法实践中的做法是：如果在夫妻关系正常存续期间，丈夫强行与妻子发生性行为，不认为是强奸；而在夫妻关系处在非常时期，如一方正在起诉离婚等，丈夫强行与妻子发生性行为的，可以认定为强奸罪。

第4章 婚姻财产关系

20. 夫妻一方婚前的财产，会因结婚而转为夫妻共同财产吗？

案例背景

周某大学毕业后进入一家外企工作，他的才华和能力很快得到了赏识，帮助他顺利当上了部门经理。在有了一定积蓄后，周某买了房子和车子。后来周某在一次聚会中认识了张某，张某不仅漂亮而且聪明能干，周某对其一见钟情。两人互相留了电话，不久便确立了恋爱关系。半年后，周某与张某决定登记结婚。两人的婚后生活却不如人意，两人都是事业型的人，平时很少见面，因此感情出现了裂痕。两人决定协议离婚，但在分割财产时发生了纠纷：张某认为既然自己已经和周某结婚，那么周某在婚前买的房子和车子也就变成了夫妻共同财产，离婚时自己应当分得一部分。

学法有疑

夫妻一方婚前的财产，会因结婚而转为夫妻共同财产吗？

法律讲堂

我国《民法典》第一千零六十三条明确规定，一方的婚前财产属于夫妻一方的财产。因此，周某婚前自己出钱买的房屋和汽车属于其个人财产。此外，根据《最高人民法院关于适用〈中华人民共和国婚姻法〉若干问题的解释（一）》第十九条的规定："婚姻法第十八条①规定为夫妻一方的所有的财产，不因婚姻关系的延续而转化为夫妻共同财产。但当事人另有约定的除外。"

由此可见，本案中周某婚前购买的房子和车子虽然在婚后与张某共同生活中使用，但是在没有特殊的约定或协议的前提下，不会因结婚转为夫妻共同财产。也就是说，周某在婚前购买的房子和车子，张某在离婚时无权分得。

法律条文

《中华人民共和国民法典》

第一千零六十三条 下列财产为夫妻一方的个人财产：

（一）一方的婚前财产；

……

---

① 现为《中华人民共和国民法典》第一千零六十三条。

《最高人民法院关于适用〈中华人民共和国婚姻法〉若干问题的解释（一）》

第十九条 婚姻法第十八条①规定为夫妻一方的所有的财产，不因婚姻关系的延续而转化为夫妻共同财产。但当事人另有约定的除外。

法律充分尊重和保护婚姻双方当事人的婚前财产安全。夫妻一方所有的财产，不会因结婚而转化为夫妻共同财产，除非当事人另有约定。

---

① 现为《中华人民共和国民法典》第一千零六十三条。

21. 夫妻能否约定个人财产的归属?

案例背景

王某大学毕业后应聘到一家私有企业。因为能干，他很快就成了公司的业务骨干，不久又被提拔为公司的中层管理人员。王某所做的一切努力都被公司的总经理李某看在眼里，李某渐渐对王某产生好感，开始追求王某，不久后两人谈起了恋爱。半年后，两人决定登记结婚。为了避免以后发生财产纠纷，两人经商议决定在结婚前把财产的归属划分清楚，订立协议，以备不时之需。

学法有疑

夫妻双方可以约定财产的归属吗?

法律讲堂

夫妻双方可以约定婚前及婚后财产的归属。在我国现行的法律中，凡涉及调整一般民事行为的条款，一般都贯彻了公民意思自治、契约订立自由的原则，夫妻双方约定婚前及婚后财产的归属，即公民意思自治的体现，法律是予以尊重和保护的。同时，根据《民法典》第一千零六十五条的规定，男女双方可以在婚前或婚姻关系存续期间约定双方在婚后的财产及其各自婚前财产的分配。其实，这既是公民自愿处分个人财产的自由，也是公民在婚姻生活中自我防范意识的体现。夫妻应当采用书面的方式进行约定。没有约定或者约定不明确的，适用该法第一千零六十二条、第一千零六十三条的规定。双方婚姻关系存续期间的财产及各自婚前的财产，无论是约定归各自所有，共同所有还是部分各自所有、部分共同所有，都是夫妻双方自由意志的体现，对双方均具有约束力。

本案中，王某和李某在结婚前经过充分协商，一致同意如何约定各自财产的归属，这是符合法律规定的。

法律条文

《中华人民共和国民法典》

第一千零六十五条 男女双方可以约定婚姻关系存续期间所得的财产以及婚前财产归各自所有、共同所有或者部分各自所有、部分共同所有。约定应当采用书面形式。没有约定或者约定不明确的，适用本法第一千零六十二条、第一千零六十三条的规定。

夫妻对婚姻关系存续期间所得的财产以及婚前财产的约定，对双方具有法律约束力。

夫妻对婚姻关系存续期间所得的财产约定归各自所有，夫或者妻一方对外所负的债务，相对人知道该约定的，以夫或者妻一方的个人财产清偿。

第一千零六十二条 夫妻在婚姻关系存续期间所得的下列财产，为夫妻的共同财产，归夫妻共同所有：

（一）工资、奖金、劳务报酬；

（二）生产、经营、投资的收益；

（三）知识产权的收益；

（四）继承或者受赠的财产，但是本法第一千零六十三条第三项规定的除外；

（五）其他应当归共同所有的财产。

夫妻对共同财产，有平等的处理权。

第一千零六十三条 下列财产为夫妻一方的个人财产：

（一）一方的婚前财产；

（二）一方因受到人身损害获得的赔偿或者补偿；

（三）遗嘱或者赠与合同中确定只归一方的财产；

（四）一方专用的生活用品；

（五）其他应当归一方的财产。

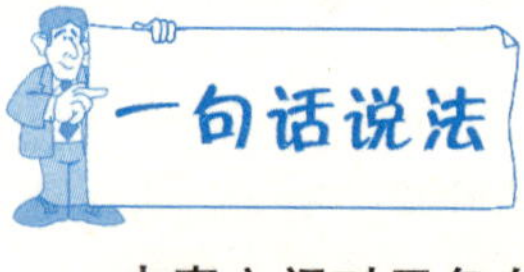

夫妻之间对于各自婚前及婚后的财产的约定，应当通过达成书面协议的方式进行。该约定的效力优先于法律规定的夫妻间财产分配的规定，对夫妻双方均具有法律效力。

22. 丈夫为自家公司的经营举债的，妻子有义务偿还吗？

案例背景

郑某与妻子关某结婚后，开了一家运输公司。去年，郑某以扩大公司规模为由向好友田某借了10万元钱，约定一年之内连本带息还清。但这一年来，公司没挣钱不说还一直亏损，郑某无力偿还田某的借款。一年的期限到了，田某多次要求郑某还钱，郑某皆以没钱为由搪塞。田某无奈之下，转而向郑某的妻子关某主张债权。

学法有疑

关某要替丈夫还钱吗？

法律讲堂

关某可能需要替丈夫偿还借款。我国《民法典》第一千零六十四条第二款有明确规定："夫妻一方在婚姻关系存续期间以个人名义超出家庭日常生活需要所负的债务，不属于夫妻共同债务；但是，债权人能够证明该债务用于夫妻共同生活、共同生产经营或者基于夫妻双方共同意思表示的除外。"由此可见，在婚姻关系存续期间，夫妻一方以个人名义对外借款且该款项超出家庭日常生活需要的，如果债权人能够证明该借款是债务人用于家庭生活、共同生产经营或夫妻双方都同意借债的，则可要求夫妻双方承担清偿责任。

本案中，郑某所借债务系用于运输公司的生产经营，如果田某能够证明郑某所借款项确用于郑某家庭共同生产经营等事项的，关某对丈夫郑某的债务要承担偿还的责任。

法律条文

《中华人民共和国民法典》

第一千零六十四条 夫妻双方共同签名或者夫妻一方事后追认

等共同意思表示所负的债务，以及夫妻一方在婚姻关系存续期间以个人名义为家庭日常生活需要所负的债务，属于夫妻共同债务。

夫妻一方在婚姻关系存续期间以个人名义超出家庭日常生活需要所负的债务，不属于夫妻共同债务；但是，债权人能够证明该债务用于夫妻共同生活、共同生产经营或者基于夫妻双方共同意思表示的除外。

第一千零六十五条第三款 夫妻对婚姻关系存续期间所得的财产约定归各自所有，夫或者妻一方对外所负的债务，相对人知道该约定的，以夫或者妻一方的个人财产清偿。

一句话说法

夫妻婚姻关系存续期间，一方为家庭日常生活需要所负的债务一般按照夫妻共同债务处理，但是债权人明知对方适用分别财产制或者与债务人明确约定为个人债务的情形除外。

23. 婚姻关系存续期间，一方以个人名义偷偷借款的，另一方是否有偿还义务？

案例背景

去年，黄某的表弟吴某想借5万元购买汽车。黄某将此事告知妻子洪某后，洪某坚决反对，认为吴某人品有问题，借给他的钱十有八九还不上；但黄某此前已经答应了吴某借给他钱。无奈之下，黄某只好找到好友孙某借钱，为了不让妻子洪某得知此事，黄某告知孙某，这钱是自己借的，妻子洪某并不知道此事。借款到期后，吴某没有将钱还给黄某，以至于黄某没钱还给孙某。无奈之下，孙某找到了洪某，要求洪某偿还5万元借款，但洪某称借款是以黄某名义借的，自己没有义务偿还。

学法有疑

婚姻关系存续期间，一方以个人名义偷偷借款的，另一方对此是否有偿还义务？

法律讲堂

本案中，黄某在婚姻关系存续期间向孙某借钱，当时声明此借款系个人行为，其妻子洪某并不知道此事，且该笔借款没有用于家庭共同生活、共同生产经营，孙某对此也知情。换言之，黄某已与孙某将该笔借款明确为黄某的个人债务，洪某事后没有表示追认，也没有享受该笔借款的利益，因此，该笔债务是黄某的个人债务，洪某可以不偿还孙某的借款。

我国《民法典》第一千零六十四条规定，仅在以下情况下成立的债务，属于夫妻共同债务：其一，夫妻双方共同签名或者夫妻一方事后追认等共同意思表示下所负的债务；其二，夫妻一方在婚姻关系存续期间以个人名义为家庭日常生活需要所负的债务；其三，夫妻一方在婚姻关系存续期间以个人名义超出家庭日常生活需要所负的债务，此时仅有债权人能够证明该债务系用于夫妻共同生活、共同生产经营或者基于夫妻双方共同意思表示的，才属于夫妻共同债务。本案中，黄某所负债务不属于前述情形。

法律条文

《中华人民共和国民法典》

第一千零六十五条 男女双方可以约定婚姻关系存续期间所得的财产以及婚前财产归各自所有、共同所有或者部分各自所有、部分共同所有。约定应当采用书面形式。没有约定或者约定不明确的，适用本法第一千零六十二条、第一千零六十三条的规定。

夫妻对婚姻关系存续期间所得的财产以及婚前财产的约定，对双方具有法律约束力。

夫妻对婚姻关系存续期间所得的财产约定归各自所有，夫或者妻一方对外所负的债务，相对人知道该约定的，以夫或者妻一方的个人财产清偿。

在婚姻关系存续期间，夫妻是一个共同体，理应共同承担对外的债务。但是夫妻另一方如果能够证明他人知道夫妻之间实行分别财产制，或者能够证明夫妻一方与他人明确约定借款为个人债务的，可以不偿还对外债务。当然，如果该债务是夫妻一方与第三人串通虚构的债务，或该债务是夫妻一方从事赌博、吸毒等违法犯罪活动所欠的，对于第三人的主张，法院将不予支持，夫妻另一方可以不予偿还。

24. 夫妻一方婚前财产在婚后产生的收益，是否应当划为夫妻共同财产？

案例背景

李先生在婚前个人出资30万元购买A房，不久他与刘某结婚，二人婚后共同生活居住在A房里。一年后双方又购买B房，于是从A房搬入B房居住生活，并将A房出租收取房租每月2500元。最近，市政府对A房所处的地区进行整体开发，拆迁安置方案如下：按比例等面积置换到市区环线处的C房并补偿差额5万元。现双方因感情问题决定离婚，李先生与刘某别无争议，但就A房及房租收益1万元以及补偿差额5万元的分配问题出现了分歧。

学法有疑

上述情况该如何处理？

法律讲堂

《民法典》第一千零六十三条规定："下列财产为夫妻一方的个人财产：（一）一方的婚前财产；……"《最高人民法院关于适用〈中华人民共和国婚姻法〉若干问题的解释（一）》第十九条规定："婚姻法第十八条①规定为夫妻一方所有的财产，不因婚姻关系的延续而转化为夫妻共同财产。但当事人另有约定的除外。"根据上述规定可知，A房系李先生婚前个人出资购买，不因婚姻关系的延续而转化为夫妻共同财产，属个人财产，离婚时仍归个人所有。A房的出租收益属于从原物A房中所衍生的收益，应当认定为孳息，根据《最高人民法院关于适用〈中华人民共和国婚姻法〉若干问题的解

① 现为《中华人民共和国民法典》第一千零六十三条。

释（三）》第五条的规定："夫妻一方个人财产在婚后产生的收益，除孳息和自然增值外，应认定为夫妻共同财产。"因此，孳息不属于夫妻共同财产，应属李先生的个人财产。综上所述，A 房及房租收益 1 万元应归李先生所有。

对于差额补偿款 5 万元，则属于夫妻共同财产。《最高人民法院关于适用〈中华人民共和国婚姻法〉若干问题的解释（二）》第十一条规定："婚姻关系存续期间，下列财产属于婚姻法第十七条①规定的'其他应当归共同所有的财产'：……（二）男女双方实际取得或者应当取得的住房补贴、住房公积金……"因此，本案中补偿款 5 万元应视为男女双方实际取得的住房补贴，为夫妻共同财产，需要依法进行分割。

法律条文

《中华人民共和国民法典》

第一千零六十三条　下列财产为夫妻一方的个人财产：

（一）一方的婚前财产；

……

《最高人民法院关于适用〈中华人民共和国婚姻法〉若干问题的解释（一）》

第十九条　婚姻法第十八条②规定为夫妻一方所有的财产，不因婚姻关系的延续而转化为夫妻共同财产。但当事人另有约定的除外。

《最高人民法院关于适用〈中华人民共和国婚姻法〉若干问题的解释（二）》

第十一条　婚姻关系存续期间，下列财产属于婚姻法第十七条③规定的"其他应当归共同所有的财产"：

……

---

① 现为《中华人民共和国民法典》第一千零六十二条。

② 现为《中华人民共和国民法典》第一千零六十三条。

③ 现为《中华人民共和国民法典》第一千零六十二条。

（二）男女双方实际取得或者应当取得的住房补贴、住房公积金；

……

《最高人民法院关于适用〈中华人民共和国婚姻法〉若干问题的解释（三）》

第五条 夫妻一方个人财产在婚后产生的收益，除孳息和自然增值外，应认定为夫妻共同财产。

住房公积金是否属于夫妻共同财产，应当区分婚前和婚后，婚前夫妻一方的住房公积金应当认定为婚前个人财产，夫妻关系存续期间的住房公积金应当认定为夫妻共同财产。需要注意的是，可以作为夫妻共同财产进行分割的住房公积金应当是在夫妻关系存续期间取得的部分，而不是住房公积金的全部数额。

25. 婚前男方向女方承诺赠与房产，但在房产过户前又反悔的，应如何处理该房产？

案例背景

谢先生与刘女士在同一公司上班，是上下级的关系。由于两人经常在一起工作，时间长了彼此产生了爱慕之情。谢先生向刘女士求婚时许诺将自己所有的一套房产赠送给刘女士，并当面签署了赠与协议，但未办理过户手续两人便结了婚。婚后两人经常吵架，感情出现危机，准备协议离婚。在财产分割时，谢先生要求收回自己的房子，并说这是属于他的婚前个人财产，与刘女士没有关系。

学法有疑

赠与协议在刘女士手上，谢先生还有权把房子收回去吗？

法律讲堂

谢先生有权收回自己的房子。所谓赠与合同是指赠与人将自己的财产无偿给予受赠人，受赠人表示接受赠与的合同。赠与合同为实践合同，即只有办理了赠与财产的权利转移手续（动产交付、不动产过户）才发生法律效力。赠与人没有交付赠与物的，受赠人不得请求交付，赠与人也无交付的义务。但是，对于救灾、扶贫等社会公益、道德义务性质的赠与合同或者经过公证的赠与合同，赠与人不交付赠与财产的，受赠人可以请求交付。同时，《最高人民法院关于适用〈中华人民共和国婚姻法〉若干问题的解释（三）》第六条也明确规定："婚前或者婚姻关系存续期间，当事人约定将一方所有的房产赠与另一方，赠与方在赠与房产变更登记之前撤销赠与，另一方请求判令继续履行的，人民法院可以按照合同法第一百八十六条①的规定处理。”

因此，对于本案来讲，在赠与的房子未过户之前，如果赠与人反悔，其可以撤销赠与。因此，谢先生是可以将房子收回的。

法律条文

《最高人民法院关于适用〈中华人民共和国婚姻法〉若干问题的解释（三）》

第六条 婚前或者婚姻关系存续期间，当事人约定将一方所有的房产赠与另一方，赠与方在赠与房产变更登记之前撤销赠与，另一方请求判令继续履行的，人民法院可以按照合同法第一百八十六条②的规定处理。

《中华人民共和国民法典》

第六百五十八条 赠与人在赠与财产的权利转移之前可以撤销赠与。

经过公证的赠与合同或者依法不得撤销的具有救灾、扶贫、助残等公益、道德义务性质的赠与合同，不适用前款规定。

第六百五十九条 赠与的财产依法需要办理登记或者其他手续的，应当办理有关手续。

第六百六十条 经过公证的赠与合同或者依法不得撤销的具有救灾、扶贫、助残等公益、道德义务性质的赠与合同，赠与人不交付赠与财产的，受赠人可以请求交付。

依据前款规定应当交付的赠与财产因赠与人故意或者重大过失致使毁损、灭失的，赠与人应当承担赔偿责任。

一句话说法

赠与合同是典型的无偿合同，因此，法律规定赠与人享有任意撤销权。也就是说即便赠与合同已经成立，还可以允许赠与人因自

---

① 现为《中华人民共和国民法典》第六百五十八条。

② 同上注。

身的某种事由撤销赠与，这也是赠与合同与其他有偿合同的显著区别。然而，赠与人的任意撤销权并不是无限制的。为维护合同的严肃性，赠与人撤销赠与应受下列限制：一是赠与人撤销赠与必须在赠与财产的权利转移之前；二是赠与人要撤销的赠与必须不是具有救灾、扶贫、助残等具有公益、道德义务性质的赠与；三是赠与人撤销赠与，仅限于没有经过公证的赠与合同。

26. 父母在子女婚后为子女购买房屋且房产证上只登记一方的名字，此房的所有人为谁？

案例背景

田某与何某是在大学期间认识的，刚一毕业二人就商量着结婚。二人决定婚前先不买房子，就在租的房子里居住，等以后条件好了再买房子也不迟。婚后不久，何某的父母看着自己的女儿每天居住在租的小房子里有些心疼，就自愿出资50万元购买了一套90平方米的两居室供二人居住，但房产证上登记的是何某的名字。后来，何某与田某之间以感情破裂为由协议离婚，但在分割财产时产生了分歧。田某认为该房是在二人结婚之后购买的，无论是谁出的钱，房产证上写的是谁的名字，都应该是夫妻共同财产。

学法有疑

田某的想法正确吗？

法律讲堂

根据《最高人民法院关于适用〈中华人民共和国婚姻法〉若干问题的解释（三）》第七条的规定，田某的想法是错误的。虽然该房屋是在二人婚后购买的，但是由女方父母出资且登记在女方的名下，因此，该房屋应视为何某父母对何某的赠与，即属于何某的个人财产。

换个角度来看待本案，如果买房的时候，何某的父母钱不够，又找田某的父母商量，由何某的父母出资25万元、田某的父母出资25万元，共同购买了此房屋，并登记在了何某的名下，那么，对于该房屋的产权，何某和田某就可以按照1∶1的份额来共同所有。当然，二人也可以就如何分配或者谁拥有产权作出约定，即有约定的从约定。

法律条文

《最高人民法院关于适用〈中华人民共和国婚姻法〉若干问题的解释（三）》

第七条 婚后由一方父母出资为子女购买的不动产，产权登记在出资人子女名下的，可按照婚姻法第十八条第（三）项[①]的规定，视为只对自己子女一方的赠与，该不动产应认定为夫妻一方的个人财产。

由双方父母出资购买的不动产，产权登记在一方子女名下的，该不动产可认定为双方按照各自父母的出资份额按份共有，但当事人另有约定的除外。

婚姻关系存续期间，一方接受赠与所得的财产，属于夫妻共同财产，离婚时要进行分割，除非赠与时明确约定财产只归夫或妻一方。因此，父母在婚后赠与子女房产及财产时，应当注意以下问题：（1）可以签订赠与协议，注明将房款或财产只赠与自己子女一方；（2）婚后一方父母出首付款为子女购房，产权登记在自己的子女名下，由夫妻共同偿还按揭贷款，则首付款可以认定为只赠与出资方的子女，离婚时该房产是夫妻共同财产，但对首付部分应认定为出资子女的个人财产；如登记在双方名下，需要夫妻之前签订协议，否则将视为对双方的赠与；（3）婚后一方父母全额出资，产权登记在自己子女名下，则视为对子女一方的赠与。

---

① 现为《中华人民共和国民法典》第一千零六十三条第（三）项。

27. 婚姻关系存续期间，如何处理关于无民事行为能力的一方遭受家庭暴力、虐待、遗弃等严重侵害其合法权益的行为的情况?

案例背景

杨某大学毕业后经过他人介绍认识了李某，两人相处了一段时间后彼此都觉得合得来，便结了婚。婚后，杨某由于家庭及工作的原因，长期处于极度压抑中，精神逐渐不正常，经鉴定为无民事行为能力人。此后，李某不但不对杨某悉心照顾，还经常对其进行虐待，对杨某的治疗持消极态度，并不断转移夫妻共同财产。杨某的哥哥知道后，要求作为杨某的法定代理人代理杨某提起离婚诉讼。

学法有疑

婚姻关系存续期间，如何处理关于无民事行为能力的一方遭受家庭暴力、虐待、遗弃等严重侵害其合法权益的行为的情况?

法律讲堂

根据《最高人民法院关于适用〈中华人民共和国婚姻法〉若干问题的解释（三）》第八条的规定：“无民事行为能力人的配偶有虐待、遗弃等严重损害无民事行为能力一方的人身权利或者财产权益行为，其他有监护资格的人可以依照特别程序要求变更监护关系；变更后的监护人代理无民事行为能力一方提起离婚诉讼的，人民法院应予受理。”由此可知，当无民事行为能力人在婚姻关系中遭受家庭暴力、虐待、遗弃等严重侵害其合法权益的行为时，无民事行为能力人的近亲属可以作为其法定代理人提起离婚诉讼。但是由于《民法典》第二十八条规定，无民事行为能力或者限制民事行为能力的成年人的第一顺位监护人是配偶，在配偶没有放弃监护权或者被剥夺监护权的情况下，其他人不享有监护权，故无民事行为能力人的近亲属要作为法定代理人提起离婚诉讼，必须经过法定的申请宣告公民无民事行为能力、撤销监护人资格和确定监护人程序，将监护人由无民事行为能力人的配偶变更为其近亲属。

本案中，杨某被鉴定为无民事行为能力人，其配偶李某不但对其进行虐待，对治疗持消极态度，还不断转移夫妻共同财产，该行为已经严重损害了杨某的人身权利和财产权益，因此，无民事行为能力人杨某的哥哥可以先依照特别程序要求变更监护关系，再代理其提起离婚诉讼。

法律条文

《最高人民法院关于适用〈中华人民共和国婚姻法〉若干问题的解释（三）》

第八条 无民事行为能力人的配偶有虐待、遗弃等严重损害无民事行为能力一方的人身权利或者财产权益行为，其他有监护资格的人可以依照特别程序要求变更监护关系；变更后的监护人代理无民事行为能力一方提起离婚诉讼的，人民法院应予受理。

《中华人民共和国民法典》

第二十八条 无民事行为能力或者限制民事行为能力的成年人，由下列有监护能力的人按顺序担任监护人：

（一）配偶；

（二）父母、子女；

（三）其他近亲属；

（四）其他愿意担任监护人的个人或者组织，但是须经被监护人住所地的居民委员会、村民委员会或者民政部门同意。

由于有的精神病患者属于无民事行为能力人或限制民事行为能

力人，而配偶又是其法定的监护人，因此，一方在提出离婚诉讼前，必须先要求人民法院变更欠缺行为能力的精神病患者的监护人，在确定了新的监护人后，才能由新监护人代理欠缺行为能力的精神病患者参加离婚诉讼。

28. 一方私自将夫妻共同共有的房屋出售，另一方该如何处理?

案例背景

吴某与李某在一次聚会上相识，二人相处一段时间后登记结了婚。婚后二人购买了商品房一套，但仅登记在吴某一人名下。当年9月，吴某因急需用钱便在李某不知情的情况下私自将该房屋卖给了谢某，并与谢某签订了房屋买卖合同。谢某依约支付了全部房款，并办理了产权过户手续。之后，谢某正准备搬进房屋居住时，李某却找来称自己是吴某的妻子。她告知谢某该房屋系二人婚后购买，属于夫妻共同财产，吴某无权处分，要求谢某返还该房屋。

学法有疑

李某有权要回吴某出售给谢某的房屋吗？

法律讲堂

根据我国相关法律规定，李某无权要求谢某返还其夫妻共有的房屋。首先《民法典》第一千零六十二条第二款明确规定：“夫妻对共同财产，有平等的处理权。”第一千零六十条规定：“夫妻一方因家庭日常生活需要而实施的民事法律行为，对夫妻双方发生效力，但是夫妻一方与相对人另有约定的除外。夫妻之间对一方可以实施的民事法律行为范围的限制，不得对抗善意相对人。”所谓“平等的处理权”一般可理解为：（1）夫或妻在处理夫妻共同财产上的权利是平等的。因日常生活需要而处理夫妻共同财产的，任何一方均有权决定。（2）夫或妻非因日常生活需要对夫妻共同财产做重要处理决定，夫妻双方应当平等协商，达成一致意见。他人有理由相信其为夫妻双方共同意思表示的，另一方不得以不同意或不知道为由对抗善意第三人。

《最高人民法院关于适用〈中华人民共和国婚姻法〉若干问题的解释（三）》第十一条又规定：“一方未经另一方同意出售夫妻共同共有的房屋，第三人善意购买、支付合理对价并办理产权登记手续，另一方主张追回该房屋的，人民法院不予支持。夫妻一方擅自处分共同共有的房屋造成另一方损失，离婚时另一方请求赔偿损失的，人民法院应予支持。”那么，什么是善意取得呢？善意取得又称为即时取得，无权处分人在不法将其受托占有的他人的财物（动产或者不动产）转让给第三人时，如受让人在取得该动产时系出于善意，则受让人取得该物的所有权，原权利人丧失所有权。根据《民法典》第三百一十一条之规定，善意取得必须满足三个要件：（1）受让人受让该不动产或者动产时是善意的；（2）以合理的价格转让；（3）转让的不动产或者动产依照法律规定应当登记的已经登记，不需要登记的已经交付给受让人。可见，第三人善意取得夫妻共有房屋是有条件的。因此，买房人最好要求出卖人出示其配偶委托出卖人代办一切交易手续的委托书或者同意出售房屋的书面声明，以保证交易的安全。实践中最好约定大部分房款在办理产权过户登记以后再支付，否则，如果在过户前出现纠纷，一旦合同被认定为无效，追回房款就存在巨大的风险；而只有房屋办理了过户登记，买房人才有可能根据善意取得制度获得房屋的所有权。

本案中，吴某虽然是无处分权人，擅自出售了其与李某夫妻二人共同共有的房屋，但是第三人谢某已经善意取得了该房屋，根据法律规定，李某无权要求善意第三人谢某归还该房屋。但法律也赋予了李某损害赔偿请求权，即吴某擅自处分共同共有的房屋给李某造成损失的，李某可以在离婚时向吴某提出损害赔偿请求。

法律条文

《最高人民法院关于适用〈中华人民共和国婚姻法〉若干问题的解释（三）》

第十一条 一方未经另一方同意出售夫妻共同共有的房屋，第三人善意购买、支付合理对价并办理产权登记手续，另一方主张追回该房屋的，人民法院不予支持。

夫妻一方擅自处分共同共有的房屋造成另一方损失，离婚时另一方请求赔偿损失的，人民法院应予支持。

《中华人民共和国民法典》

第三百一十一条 无处分权人将不动产或者动产转让给受让人的，所有权人有权追回；除法律另有规定外，符合下列情形的，受让人取得该不动产或者动产的所有权：

（一）受让人受让该不动产或者动产时是善意；

（二）以合理的价格转让；

（三）转让的不动产或者动产依照法律规定应当登记的已经登记，不需要登记的已经交付给受让人。

受让人依据前款规定取得不动产或者动产的所有权的，原所有权人有权向无处分权人请求损害赔偿。

当事人善意取得其他物权的，参照适用前两款规定。

第一千零六十条 夫妻一方因家庭日常生活需要而实施的民事法律行为，对夫妻双方发生效力，但是夫妻一方与相对人另有约定的除外。

夫妻之间对一方可以实施的民事法律行为范围的限制，不得对抗善意相对人。

一句话说法

夫妻对共同财产享有平等的处分权。在处分夫妻共同财产时，应当征得全体共有人的同意；一方未经另一方同意，擅自处分共同财产的行为属于无效民事行为。但是，为了保护善意第三人的利益，维护市场交易秩序，法律规定，该处分行为不得对抗善意第三人，即对善意第三人而言，该处分行为是有效的。如果该第三人明知擅自处分人无处分权而与之进行交易的，则该交易行为无效，其他共有人可以追回共同财产。

29. 丈夫得知妻子有婚外情后对其进行殴打，离婚时双方可以互相要求损害赔偿吗?

案例背景

徐某与丈夫金某是大学同学，两人结婚后，徐某总埋怨丈夫没本事。徐某在一次高中同学聚会上碰到了当年一直喜欢自己的周某。徐某在与周某聊天中得知，周某现在有自己的公司，并且两年前和妻子离了婚。于是，徐某开始了与周某的不正当男女关系，对外还宣称二人是夫妻关系。丈夫金某发现徐某的行为后，对徐某多次进行殴打辱骂。随后，金某起诉到法院，请求法院判令其与徐某离婚，并要求徐某支付离婚损害赔偿。

学法有疑

金某要求徐某支付离婚损害赔偿的请求可以得到法院的支持吗？

法律讲堂

根据《民法典》第一千零九十一条的规定："有下列情形之一，导致离婚的，无过错方有权请求损害赔偿：(一) 重婚；(二) 与他人同居；(三) 实施家庭暴力；(四) 虐待、遗弃家庭成员；(五) 有其他重大过错。"由此可知，仅无过错方有权提出离婚损害赔偿，当夫妻双方均有过错时，法院不会支持任何一方提起的损害赔偿请求。

本案中，金某的妻子徐某与异性周某之间有不正当的男女关系，并且还对外宣称二人是夫妻，其行为对金某造成了伤害，从这个角度来看，金某是"无过错方"，根据《民法典》第一千零九十一条的规定可以提起离婚损害赔偿的请求。但是，金某发现徐某的行为后，多次对其进行殴打辱骂的做法又对徐某造成了伤害，属于对妻子徐某实施了家庭暴力，因此，金某又是"过错方"。所以根据上述法律规定，金某的离婚损害赔偿的请求得不到法院的支持。

法律条文

《中华人民共和国民法典》

第一千零九十一条　有下列情形之一，导致离婚的，无过错方有权请求损害赔偿：

(一) 重婚；

(二) 与他人同居；

(三) 实施家庭暴力；

(四) 虐待、遗弃家庭成员；

(五) 有其他重大过错。

离婚损害赔偿的构成要件包括四个方面：（1）一方需有精神受到损害或财产受到损失的事实，如果没有这些事实的存在就不能请求对方给予赔偿；（2）另一方实施了法定的侵害行为，如婚外非法同居、重婚、虐待家庭成员、实施家庭暴力、遗弃家庭成员等；（3）另一方的侵权行为及由此导致的离婚，必须与一方的财产损失、精神损害之间具有因果关系；（4）另一方主观上必须有过错，同时一方必须无过错。只要双方都有依据本法推定的过错，双方就都无权提起离婚损害赔偿的请求。

30. 丈夫瞒着妻子赠与他人数额较大的金钱后，妻子有权要回吗?

案例背景

孙某自小生长在农村，家境贫寒。长大后的他奋发图强，成为某外企的部门经理，并且与大学时的恋人张某结婚。孙某是一个孝顺的孩子，因父母一直担心弟弟没有娶媳妇，就向父母承诺自己会帮助弟弟。于是孙某便瞒着妻子张某偷偷给了弟弟30万元，让弟弟盖房子娶媳妇，并为弟弟安排了工作。张某意外得知此事后，非常生气，称自己不知晓此事，非要将30万元要回。

学法有疑

张某能将这笔钱要回吗?

法律讲堂

根据我国《民法典》第一千零六十二条的规定可知，孙某与张某作为夫妻双方，对他们共同共有的财产有平等的处理权。也就是说，夫或妻在处理夫妻共同财产上的权利是平等的。因日常生活需要而处理夫妻共同财产的，任何一方均有权决定。如果夫或妻非因日常生活需要对夫妻共同财产做重要处理决定，夫妻双方应当在平等协商的基础上达成一致意见。但是，夫妻间对一方可以实施的民事法律行为范围的限制，不能对抗善意相对人。

孙某偷偷给弟弟的30万元，是让弟弟盖房子结婚，弟弟是知情的，在这种情况下，法律即认定孙某擅自处分夫妻共同财产的行为侵犯了共有人张某的合法权益，孙某对弟弟的赠与行为无效。所以张某是可以将这30万元要回的。

法律条文

《中华人民共和国民法典》

第一千零六十条 夫妻一方因家庭日常生活需要而实施的民事法律行为，对夫妻双方发生效力，但是夫妻一方与相对人另有约定的除外。

夫妻之间对一方可以实施的民事法律行为范围的限制，不得对抗善意相对人。

第一千零六十二条第二款 夫妻对共同财产，有平等的处理权。

一句话说法

夫妻对共同所有的财产，有平等的处理权。非因日常生活需要处分夫妻共同财产需夫妻双方协商一致。一方擅自处分之后，另一方无法对抗有理由相信其为夫妻双方共同意思表示的善意第三人，但可以对抗知情第三人。

31. 同居关系的男女，分手后财产如何处理？

案例背景

黄某与李某是大学同学，感情还算不错，毕业后便开始同居。不久前，黄某在工作中认识同事夏某。夏某不但温柔漂亮而且能干。黄某与夏某彼此间产生了爱慕之情，于是黄某向李某说明了此事并提出了分手，希望结束同居关系，李某表示同意。但随后两人就财产分割问题起了争执。

学法有疑

同居关系的男女，分手后财产要如何处理？

法律讲堂

根据《最高人民法院关于适用〈中华人民共和国婚姻法〉若干

问题的解释（二）》第一条的规定，男女未婚同居分手后产生财产分割问题，如果两人经过协商对财产的分割达成协议的，按照协议处理。如果产生了争议，可以向法院提起诉讼，请求法院作出判决。本案中，黄某与李某可以就同居期间财产分割提起诉讼，请求法院依法作出判决。

法律条文

《最高人民法院关于适用〈中华人民共和国婚姻法〉若干问题的解释（二）》

第一条 当事人起诉请求解除同居关系的，人民法院不予受理。但当事人请求解除的同居关系，属于婚姻法第三条、第三十二条、第四十六条①规定的“有配偶者与他人同居”的，人民法院应当受理并依法予以解除。

当事人因同居期间财产分割或者子女抚养纠纷提起诉讼的，人民法院应当受理。

同居关系比较复杂，以同居的男女双方是否有配偶为标准可将非婚同居分为一方、双方有配偶的同居和双方无配偶的同居。一是对于有配偶者与他人同居的，当事人请求人民法院解除这一同居关系，人民法院应当受理，并依法判决解除同居关系；二是对于双方均无配偶的同居关系，因这种关系不受法律保护，如果双方在同居后不能结婚，为避免一方纠缠而诉至法院要求解除同居关系的，人民法院不予受理。但当事人如果就同居期间的财产分割和子女抚养问题提起诉讼的，属于法律调整的民事法律关系，人民法院应当受理，并平等地保护子女和当事人的合法权益。

---

① 现为《中华人民共和国民法典》第一千零四十二条、第一千零七十九条、第一千零九十一条。

32. 夫妻共同财产包括夫妻一方得到的赔偿吗?

案例背景

蒋某与赵某经过他人介绍认识并登记结婚。蒋某在某商贸公司上班，由于工作需要经常到外地出差。今年年初，蒋某如往常一样开车到外地出差，结果在返回的路上与一辆大货车相撞，经过检查虽然没有生命危险，但也造成了左腿小腿骨折，轻微脑震荡的后果。交通管理部门认定：货车司机在事故中负主要责任，经过协商，蒋某获得了医疗费等一系列赔偿款项。

学法有疑

这笔款项属于夫妻共同财产吗?

法律讲堂

这笔款项不属于夫妻共同财产，而是属于蒋某的个人财产。对此情节的认定，《民法典》第一千零六十三条做出了明确的规定，即一方因人身受到伤害而获得的医疗费、残疾人生活补助费等赔偿或赔偿费用，应属于夫妻一方的个人财产。

法律条文

《中华人民共和国民法典》

第一千零六十三条 下列财产为夫妻一方的个人财产：

（一）一方的婚前财产；

（二）一方因受到人身损害获得的赔偿或者补偿；

（三）遗嘱或者赠与合同中确定只归一方的财产；

（四）一方专用的生活用品；

（五）其他应当归一方的财产。

一句话说法

夫妻一方因人身权益受到伤害获得的医药费等费用应该属于夫妻一方的个人财产，因为这是受害人因人身权受到侵害而获得的损害赔偿费用，具有严格的人身性质，是用于保障受害人生活的基本费用，如果作为夫妻共同财产，则无法保障受害者的合法权益。

33. 娘家陪嫁的财产是否算作夫妻共同财产？

案例背景

小婷的父母都是某医院的医生，家庭条件属于中上等。小婷是独生女，从小又体弱多病，因此，父母对她十分疼爱。2019 年 3 月，小婷与大学同学吴某相恋，感情迅速升温的二人于同年 5 月闪电结婚。二人结婚时，小婷的父母购买了一辆轿车作为陪嫁送给女儿，小婷看到父母这么用心，心里感到很温暖。但好景不长，今年年初，小婷与吴某在感情上出现问题，二人选择离婚。

学法有疑

小婷娘家陪嫁的财产是归小婷个人所有还是算作夫妻共同财产？

法律讲堂

根据我国《民法典》第一千零六十三条的规定，赠与合同中确定只归夫或妻一方的财产为夫妻一方的财产。此案中的汽车属于小婷娘家的陪嫁，在结婚时父母赠与了她，当女儿接受这些财产之后就成为女儿个人的财产。如果小婷与丈夫没有就二人的婚前婚后财产归属作出特别约定，该财产就一直归小婷个人所有。也就是说，在双方没有特别协议的情况下，小婷娘家陪嫁的财产不会因为其结婚而变成夫妻共同财产。

法律条文

《中华人民共和国民法典》

第一千零六十三条 下列财产为夫妻一方的个人财产：

……

（三）遗嘱或者赠与合同中确定只归一方的财产；

……

第一千零六十五条 男女双方可以约定婚姻关系存续期间所得的财产以及婚前财产归各自所有、共同所有或者部分各自所有、部分共同所有。约定应当采用书面形式。没有约定或者约定不明确的，适用本法第一千零六十二条、第一千零六十三条的规定。

夫妻对婚姻关系存续期间所得的财产以及婚前财产的约定，对双方具有法律约束力。

夫妻对婚姻关系存续期间所得的财产约定归各自所有，夫或者妻一方对外所负的债务，相对人知道该约定的，以夫或者妻一方的个人财产清偿。

一般来说，双方办理结婚登记后，婚姻关系依法确立，夫妻在此后即婚姻关系存续期间所得的财产，应归夫妻共同所有。然而，按照民间传统风俗习惯，女方娘家陪送的嫁妆，通常视为父母对女方的赠与，应属于女方的婚前财产或个人财产，而不属于夫妻双方共有的财产。

34. 夫妻共同财产包括住房公积金吗?

案例背景

何某是某国有建筑集团公司职工，于2004年与妻子田某登记结婚。今年2月，何某在办理退休手续时一次性取得住房公积金数万元。同年7月，何某与妻子田某感情出现矛盾，不久后，田某便以感情破裂为由向法院提请离婚诉求，并要求将何某的这笔住房公积金列入夫妻共同财产，进行分割。

学法有疑

何某的住房公积金属于夫妻共同财产吗?

法律讲堂

何某的住房公积金属于夫妻共同财产。住房公积金是指国家机关、国有企业、城镇集体企业、外商投资企业、城镇私营企业及其他城镇企业、事业单位及其在职职工缴存的长期住房储金。住房公积金制度实际上是一种住房保障制度，是住房分配货币化的一种形式。住房公积金由职工和职工所在单位共同缴纳。我国《最高人民法院关于适用〈中华人民共和国婚姻法〉若干问题的解释（二）》第十一条明确规定了夫妻一方的住房公积金应属于夫妻共同财产，因此，本案中田某可以要求将何某的住房公积金作为共同财产进行分割。

法律条文

《中华人民共和国民法典》

第一千零六十二条 夫妻在婚姻关系存续期间所得的下列财产，为夫妻的共同财产，归夫妻共同所有：

（一）工资、奖金、劳务报酬；

（二）生产、经营、投资的收益；

（三）知识产权的收益；

（四）继承或者受赠的财产，但是本法第一千零六十三条第三项规定的除外；

（五）其他应当归共同所有的财产。

夫妻对共同财产，有平等的处理权。

《最高人民法院关于适用〈中华人民共和国婚姻法〉若干问题的解释（二）》

第十一条 婚姻关系存续期间，下列财产属于婚姻法第十七条[①]规定的“其他应当归共同所有的财产”：

（一）一方以个人财产投资取得的收益；

（二）男女双方实际取得或者应当取得的住房补贴、住房公积金；

（三）男女双方实际取得或者应当取得的养老保险金、破产安置补偿费。

判断住房公积金是否属于夫妻共同财产，关键在于该住房公积金是婚前所得还是在婚后取得。一般来说，婚前所得的住房公积金属于个人的婚前财产，不是夫妻共同财产，离婚时不得对该部分进行分割；而结婚后，在婚姻关系存续期间所得的住房公积金则属于夫妻共同财产，离婚时可以进行分割。

---

① 现为《中华人民共和国民法典》第一千零六十二条。

第5章 抚养子女

35. 能否通过订立遗嘱的方式指定子女今后的监护人？

案例背景

小松的父亲在一场车祸中不幸遇难，其母亲因无法接受小松父亲离世的事实而突发重病。经过治疗，小松母亲的身体仍不见好转，小松母亲明白自己的时间已经不多了。而现在，她最担心的就是自己还未成年的儿子小松，经过仔细思考，小松母亲决定在其去世后，由自己的哥哥胡某做小松的监护人。小松母亲将想法告诉了哥哥胡某，胡某当即表示，在小松母亲过世后，他愿意作为小松的监护人。小松母亲打算订立一份遗嘱，明确在其去世后，小松的监护权交由哥哥胡某，但她不知道该遗嘱是否有效。

学法有疑

能否通过订立遗嘱的方式指定子女今后的监护人？

法律讲堂

本案中，未成年人小松的父亲因车祸去世，母亲也重病缠身即将离世。小松的母亲考虑到小松以后的成长，打算通过订立遗嘱的方式将小松的监护权交由小松的舅舅胡某履行，其行为是具有法律效力的。

我国《民法典》第二十九条明确规定，被监护人的父母担任监护人的，可以通过订立遗嘱的方式指定监护人。从有利于孩子成长的角度出发，在父母出现身患疾病、面临重大灾难等可能不能再抚养孩子的情形时，作为监护人的父母可以通过订立遗嘱的方式来指定孩子将来的监护人，在法律上这种形式也称为“遗嘱指定”。

法律条文

《中华人民共和国民法典》

第二十九条 被监护人的父母担任监护人的，可以通过遗嘱指定监护人。

一句话说法

在现实生活中，有些父母可能因疾病缠身或遭遇严重的变故等原因而不能再继续抚养子女，考虑到子女今后的成长不由得忧心忡忡。为了打消上述父母的顾虑，从有利于孩子健康成长的角度出发，我国法律明确规定，这类父母可以通过订立遗嘱的方式，为子女指定今后的监护人。

36. 在商定13周岁孤儿的监护人时，是否需考虑孤儿的意见？

案例背景

刚刚年满13周岁的小华，是个苦命的孩子。他刚刚出生的时候，母亲就因难产大出血去世了。这么多年，小华都跟随父亲生活，同时，爷爷、奶奶、姥姥、姥爷四位老人也都非常疼爱他。但不幸还是再次降临到了这个家庭，去年，小华的父亲被检查出肺癌晚期，花光了家里所有积蓄后，还是没有能够留住父亲的生命。小华父亲去世后，小华的爷爷奶奶、姥姥姥爷商定小华由姥姥姥爷抚养。小华得知此事，坚决反对，认为自己从小跟随父亲长大，比较熟悉爷爷奶奶这边的环境，不想再去新环境生活。

学法有疑

在商定13周岁孤儿的监护人时，是否需要考虑孤儿的意见？

法律讲堂

本案中，年满13周岁的小华，在法律意义上已经属于限制民事行为能力人，具有一定的认知能力；并且，监护人需要履行监护职责，并保障被监护人能够在有利于其身心健康的环境中成长，因此，在选定监护人时，理应考虑被监护人的意见，而不能私自为其选定监护人。

我国法律明确规定，在为被监护人选定监护人时，应当充分考虑被监护人个人的真实意愿。《民法典》第三十条规定，依法具有监护资格的人之间可以协议确定监护人，但协议确定监护人时，应当尊重被监护人的真实意愿。由此可见，在确定监护人时，应当以被监护人的意愿为主导，尊重被监护人的真实意愿，因为监护人的确定直接决定着被监护人将来的生活环境和氛围。

法律条文

《中华人民共和国民法典》

第三十条 依法具有监护资格的人之间可以协议确定监护人。协议确定监护人应当尊重被监护人的真实意愿。

一句话说法

监护人的确定，直接关系着被监护人将来的生活状态，并将影响被监护人的身心健康，因此，当涉及监护人的确定问题时，理应尊重被监护人的真实意愿。即使被监护人是限制民事行为能力人，其在判断谁对其好的问题上也能作出自己的真实意思表示，因此，理应尊重其真实的意思表示。

37. 父母可以随意处分孩子的存款吗?

案例背景

涛涛 10 岁时，父母因感情不和而离婚，随后涛涛一直和母亲生活在一起，父亲则每月定期给涛涛生活费。涛涛 12 岁时，父亲往涛涛的银行账户中存入 5 万元，让涛涛留着上学用。涛涛母亲一直想自己开个服装店，但苦于没有钱，于是便从涛涛的账户中将这 5 万元取了出来作为自己开服装店的资金。此事被涛涛的父亲知道后非常生气，要求涛涛母亲归还自己给儿子的存款。

学法有疑

涛涛的母亲可以随意处分涛涛的存款吗?

法律讲堂

涛涛的母亲无权随意处分涛涛的存款。根据我国《民法典》第二十七条第一款、第三十四条、第三十五条的规定，未成年人的父母是未成年人的监护人，监护人应当履行监护职责，保护被监护人的人身、财产及其他合法权益，除为维护被监护人的利益外，不得处理被监护人的财产。

本案中，涛涛父亲的法定监护人身份不受婚姻关系的影响，他对涛涛同样具有监护权。而涛涛的母亲擅自支取涛涛存款的行为，不仅侵害了涛涛的合法权益，也侵犯了前夫的监护权，所以她应该归还前夫为涛涛准备的存款。

法律条文

《中华人民共和国民法典》

第二十七条第一款 父母是未成年子女的监护人。

第三十四条 监护人的职责是代理被监护人实施民事法律行为，保护被监护人的人身权利、财产权利以及其他合法权益等。

监护人依法履行监护职责产生的权利，受法律保护。

监护人不履行监护职责或者侵害被监护人合法权益的，应当承担法律责任。

因发生突发事件等紧急情况，监护人暂时无法履行监护职责，被监护人的生活处于无人照料状态的，被监护人住所地的居民委员会、村民委员会或者民政部门应当为被监护人安排必要的临时生活照料措施。

第三十五条第一款 监护人应当按照最有利于被监护人的原则履行监护职责。监护人除为维护被监护人利益外，不得处分被监护人的财产。

监护是一项权利，更是一种义务。监护人不履行职责或侵害被监护人权益的，应承担赔偿责任；且其他有监护资格的人或单位可起诉追究其责任或撤销其资格。尤其要注意，非为被监护人利益的，不得处理被监护人的财产，否则，该行为无效。

38. 小学生在学校将人打伤，应由谁承担赔偿责任？

案例背景

小明今年上小学四年级，非常淘气，每次上课趁老师不在时都会捣乱。某日上午的第二节课是英语课，英语老师由于家里有事提前走了，让同学们自己看书背单词。老师不在，同学们便在课堂上打闹起来。小明想要用笔在磊磊的脸上画乌龟，磊磊不答应，结果两人在互相推搡的过程中，小明不慎用笔将磊磊的眼睛扎伤，磊磊治疗花去了 10000 元的医疗费。

学法有疑

这笔医疗费应该由谁承担？

法律讲堂

根据我国《民法典》第一千一百八十八条的规定，无民事行为能力人、限制民事行为能力人造成他人损害的，由监护人承担侵权责任。若监护人尽到了监护责任，可减轻其侵权责任。对于有财产的无民事行为能力人、限制民事行为能力人造成他人损害的，首先从其本人财产中支付赔偿费用，不足部分由监护人赔偿。本案中，小明为无民事行为能力人，其造成的损害应由监护人承担。此外，根据该法第一千一百九十九条的规定，在幼儿园、学校生活、学习的无民事行为能力人在校期间受到伤害的，幼儿园、学校等单位也应当承担责任，除非其能够证明已经尽到了教育、管理职责。本案中磊磊受到侵害，侵权行为发生地点是学校，且是上课时间，老师因事外出没有尽到看管责任，学校对此有过错，也应适当给予补偿。

法律条文

《中华人民共和国民法典》

第一千一百八十八条 无民事行为能力人、限制民事行为能力人造成他人损害的，由监护人承担侵权责任。监护人尽到监护职责的，可以减轻其侵权责任。

有财产的无民事行为能力人、限制民事行为能力人造成他人损害的，从本人财产中支付赔偿费用；不足部分，由监护人赔偿。

第一千一百九十九条 无民事行为能力人在幼儿园、学校或者其他教育机构学习、生活期间受到人身损害的，幼儿园、学校或者其他教育机构应当承担侵权责任；但是，能够证明尽到教育、管理职责的，不承担侵权责任。

一句话说法

无民事行为能力人致人损害的民事责任由监护人承担，监护人承担此项责任不以具有过错为要件，也并不因其尽了监护责任而免责，而仅仅是“可以适当减轻”责任。在具体承担责任方面，被监护人有财产的，应首先从其财产中支付，不足部分由监护人赔偿；夫妻离婚后，未成年子女发生侵权行为的，应首先由与该子女共同生活的一方承担责任，只有在其独立承担有困难时，未与该子女共同生活的一方才承担补充责任。

39. 非婚生子女能否要求生父母履行抚养义务?

案例背景

已婚的李某在一次商业聚会上认识了单身的张某，对其一见钟情。于是，两人经常私下联系，保持着不正当的男女关系，还生下一子。虽说张某生的孩子是李某的，但李某认为自己有完整的家庭，不希望这个孩子的到来给自己的家庭造成影响，因此，一直未对这个孩子履行抚养义务，孩子的相应权利也得不到实现。

学法有疑

孩子有权要求李某履行抚养义务吗?

法律讲堂

孩子有权要求自己的亲生父母履行抚养义务。在实际生活中，非婚生子女的地位是很尴尬的，通常得不到父母的承认，生活也没有保障。对此问题，《民法典》第一千零七十一条规定，非婚生子女享有与婚生子女同等的权利，任何人或组织不得加以危害和歧视。不直接抚养非婚生子女的生父或生母，应当负担未成年子女或不能独立生活的成年子女的抚养费，直至子女能独立生活为止。这一规定从立法上保护了非婚生子女的合法权益。

本案中，张某与李某所生的孩子虽然属于非婚生子女，但应该享有和婚生子女同等的权利，因此，其有权要求李某履行抚养义务。

法律条文

《中华人民共和国民法典》

第一千零七十一条 非婚生子女享有与婚生子女同等的权利，任何组织或者个人不得加以危害和歧视。

不直接抚养非婚生子女的生父或者生母，应当负担未成年子女或者不能独立生活的成年子女的抚养费。

非婚生子女享有与婚生子女同等的权利，具体来说，主要包括以下权利：(1) 非婚生子女有要求生父母对其进行抚养教育的权利；(2) 非婚生子女享有姓名权；(3) 非婚生子女有受生父母保护的权利；(4) 非婚生子女有继承其生父母遗产的权利。

40. 父母给付子女的抚养费有数额要求吗?

案例背景

杨某现就读于某高中二年级，其父母皆为大学教授，收入颇丰。后来，杨某父母因感情破裂而协议离婚，离婚后杨某跟随父亲生活，母亲会按约定每月支付其300元的抚养费。但杨某认为，自己所生活的城市属于一线城市，物价高，这300元的生活费并不能维持一个月的基本生活，要求母亲提高抚养费的数额，母亲不肯。杨某随即向法院提起诉讼，要求母亲提高抚养费的数额。经查杨某母亲的工资是每月6000元左右。

学法有疑

法院会支持杨某的诉求吗?

法律讲堂

法院会支持杨某的诉求。按照我国相关法律的规定，有固定收入的父母，抚养费一般可按其月总收入的20%至30%的比例给付。本案中杨某母亲给予杨某的生活费显然远远低于这一比例，因此，杨某可以请求母亲要按照月薪金的20%至30%的比例给付自己抚养费。

法律条文

《最高人民法院关于人民法院审理离婚案件处理子女抚养问题的若干具体意见》

7. 子女抚育费的数额，可根据子女的实际需要、父母双方的负担能力和当地的实际生活水平确定。

有固定收入的，抚育费一般可按其月总收入的百分之二十至三十的比例给付。负担两个以上子女抚育费的，比例可适当提高，但一般不得超过月总收入的百分之五十。

无固定收入的，抚育费的数额可依据当年总收入或同行业平均收入，参照上述比例确定。

有特殊情况的，可适当提高或降低上述比例。

父母对子女有抚养教育的义务。父母双方或者一方拒不履行抚养子女义务的，未成年的子女有权请求其支付抚养费。抚养费的数额可根据子女的实际需要，由父母双方的负担能力和当地的实际生活水平确定，有固定收入的，抚养费一般可按其月总收入的 20% 至 30% 的比例给付，有特殊情况的，可适当提高或降低上述比例。

41. 没有生活来源的大学生有权要求父母给付抚育费吗？

案例背景

陈某今年上大学二年级，父母在她上高二时因感情不和而协议离婚。父母离婚后，陈某一直和母亲生活在一起，父亲按约定每月给付她抚育费，直到她大学毕业后参加工作。但最近，陈某父亲却以女儿已成年为由，拒绝给付抚育费。陈某非常生气，想到自己母亲要一个人辛苦供自己读大学，便向法院提起诉讼，要求父亲继续给付抚育费。

学法有疑

正在上大学的子女可以要求父母给付抚育费吗？

法律讲堂

正在上大学的成年子女可以要求父母给付抚育费。根据我国《民法典》第一千零六十七条的规定，未成年的子女或不能独立生活的子女，有权要求父母给付抚育费。已满18周岁的成年人仍然是在校的大学生，其没有工作，没有经济来源，不能独立生活，因此，《最高人民法院关于人民法院审理离婚案件处理子女抚养问题的若干具体意见》第十二条明确规定，尚未独立生活的成年子女在校就读的，其父母如有给付能力，仍须负担必要的抚育费。

本案中，陈某虽已成年，但尚在读大学，因此，可以要求父母给付抚育费，其父母如有给付能力，仍应负担必要的抚育费。

法律条文

《中华人民共和国民法典》

第二十六条 父母对未成年子女负有抚养、教育和保护的义务。

成年子女对父母负有赡养、扶助和保护的义务。

第一千零六十七条 父母不履行抚养义务的，未成年子女或者不能独立生活的成年子女，有要求父母给付抚养费的权利。

成年子女不履行赡养义务的，缺乏劳动能力或者生活困难的父母，有要求成年子女给付赡养费的权利。

《最高人民法院关于人民法院审理离婚案件处理子女抚养问题的若干具体意见》

12. 尚未独立生活的成年子女有下列情形之一，父母又有给付能力的，仍应负担必要的抚育费：

（1）丧失劳动能力或虽未完全丧失劳动能力，但其收入不足以维持生活的；

（2）尚在校就读的；

（3）确无独立生活能力和条件的。

原则上子女年满 18 岁后，父母对其就没有抚养的义务了。但在现实生活中，让已成年的大学生在大学学习期间以自己的劳动来支付自己的教育、生活费又有很大困难。鉴于此，对于尚在校就读的成年子女来说，如果父母有给付能力，仍应负担必要的抚育费。反之，父母无给付能力，则无须再承担抚养义务。

42. 对于失去双亲的外孙子女，外祖父母是否有抚养义务？

案例背景

天天是一个非常聪明可爱的孩子，今年5岁了。天天的父母都是某医学院的教授，经常到外地去讲课。一次，天天的父母如往常一样到外地出差，却不幸遭遇空难，双双亡故，这让天天一下子成了无父无母的孩子。天天的外祖父母见此情况，决定将孩子接来抚养。但这一决定遭到了天天舅舅的反对，认为父母年龄大了，且没有抚养天天的义务。

学法有疑

外祖父母有抚养外孙子女的义务吗？

法律讲堂

父母已经死亡或无力抚养子女时，祖父母或外祖父母如有负担能力，应履行抚养的义务。对此，我国《民法典》第一千零七十四规定："有负担能力的祖父母、外祖父母，对于父母已经死亡或者父母无力抚养的未成年孙子女、外孙子女，有抚养的义务。有负担能力的孙子女、外孙子女，对于子女已经死亡或者子女无力赡养的祖父母、外祖父母，有赡养的义务。"本案中，天天的父母双亡，如果其外祖父母有负担能力，那么就有抚养天天的义务。

法律条文

《中华人民共和国民法典》

第一千零七十四条 有负担能力的祖父母、外祖父母，对于父母已经死亡或者父母无力抚养的未成年孙子女、外孙子女，有抚养的义务。

有负担能力的孙子女、外孙子女，对于子女已经死亡或者子女无力赡养的祖父母、外祖父母，有赡养的义务。

一句话说法

在一般情况下，子女由父母抚养，外祖父母与外孙子女之间不发生抚养关系。但是，当发生某种客观原因，导致父母对子女无法直接履行抚养义务时，外祖父母与外孙子女之间就产生了抚养义务。外祖父母对外孙子女有抚养义务需满足以下条件：（1）外孙子女为未成年人；（2）外祖父母有负担能力。

43. 兄、姐对失去双亲的弟、妹是否有扶养义务?

案例背景

赵某一家姐弟四人，父母早亡，是姐弟四人相依为命。年长的大姐很早就参加工作，赚钱养家糊口，承担起扶养弟弟妹妹的义务，后来，老二与老三见大姐每天辛苦赚钱便放弃学业也参加了工作，家中只余年幼的弟弟尚在校念书。于是，姐弟三人商量，决定负担弟弟读书期间的学费及全部的生活费用。

学法有疑

兄、姐对未成年的弟、妹有没有扶养义务？

法律讲堂

根据我国《民法典》第一千零七十五条的规定，父母去世后，有负担能力的兄、姐对未成年的弟、妹有扶养的义务。社会上存在着兄弟姐妹之间没有扶养义务的误区，认为兄弟姐妹之间的扶养纠纷只是社会问题。其实，这不光是社会问题，也是法律问题，受我国相关法律的调整。本案中，姐弟三人都已参加工作，有负担能力，因此，对未成年的弟弟有扶养义务。

法律条文

《中华人民共和国民法典》

第一千零七十五条 有负担能力的兄、姐，对于父母已经死亡或者父母无力抚养的未成年弟、妹，有扶养的义务。由兄、姐扶养长大的有负担能力的弟、妹，对于缺乏劳动能力又缺乏生活来源的兄、姐，有扶养的义务。

一句话说法

在父母已经死亡或无抚养能力的情况下，判断兄、姐对弟、妹是否有扶养义务不能一概而论，要区分情形对待。在满足以下条件时，兄、姐对弟、妹有扶养义务：一是兄、姐已经成年，具有负担能力；二是父母已经死亡或者父母无力抚养；三是弟、妹尚未成年。反之，兄、姐对弟、妹无扶养义务。

第6章 赡养老人

44. 儿女对患病在床的老人不闻不问，属于违法吗？

案例背景

赵大爷年近八旬，生有一儿一女。前不久，赵大爷外出不小心摔倒导致右腿骨折，加上年事已高，生活一直不能自理。卧床期间，赵大爷一直由女儿一人照顾生活起居，而他的儿子一直未曾露面，对老人的病情不闻不问。期间赵大爷的女儿多次找到弟弟，要求其支付相应的医疗费用，并照顾老人的日常生活，均遭到拒绝。弟弟称，他已按月给老人支付生活费用了，没有义务再支付医疗费用并进行照料。面对儿子的冷酷无情，老人每天都以泪洗面。

学法有疑

儿女对患病在床的老人不闻不问，属于违法吗？

法律讲堂

父母辛辛苦苦将子女抚养成人，尽自己所能满足子女的要求，并不是图子女将来有多大的回报。作为子女，从小受到父母恩泽，长大后照顾有病卧床不起的父母是理所应尽的义务。我国《老年人权益保障法》第十五条规定，赡养人应当使患病的老年人及时得到治疗和护理；对经济困难的老年人，应当提供医疗费用。对生活不能自理的老年人，赡养人应当承担照料责任；不能亲自照料的，可以按照老年人的意愿委托他人或者养老机构等照料。因此，赵大爷的儿子有义务支付老人的医疗费用，并对其生活起居进行照顾。如果其加以拒绝不仅有悖于道德，也违反了我国的法律规定。

法律条文

《中华人民共和国老年人权益保障法》

第十五条 赡养人应当使患病的老年人及时得到治疗和护理；对经济困难的老年人，应当提供医疗费用。

对生活不能自理的老年人，赡养人应当承担照料责任；不能亲自照料的，可以按照老年人的意愿委托他人或者养老机构等照料。

第七十六条 干涉老年人婚姻自由，对老年人负有赡养义务、扶养义务而拒绝赡养、扶养，虐待老年人或者对老年人实施家庭暴力的，由有关单位给予批评教育；构成违反治安管理行为的，依法给予治安管理处罚；构成犯罪的，依法追究刑事责任。

尊老爱幼是中华民族的传统美德，也是每个公民应尽的法律义务。抚养子女是父母应尽的义务，赡养老人也是子女应尽的义务。也就是说，不尊老不爱幼是违反我国法律规定的。

45. 家庭成员被遗弃后可以通过什么途径得到救济?

案例背景

不久前，某市110指挥中心接到一起报案。报案人自称是公园管理人员，说有一位年龄很大的老人在公园的长椅上坐着不走，嘴里一直说要等儿子来接他，可是天色已晚，公园里再无他人，老人又说不清家里的具体地址和电话。110出警人员把老人送到附近的派出所，开始积极联系老人的家人。后来民警从老人口中得知，老人跟着儿子在公园里散步，儿子去买东西让老人在公园等他，之后就再也没有回来。一个月后，民警联系到了老人的儿子，但老人的儿子却谎称是老人自己走丢的，自己也在找。当民警问当时为什么不报案时，老人的儿子哑口无言。

学法有疑

家庭成员被遗弃后可以通过什么途径得到救济?

法律讲堂

老人的儿子对老人负有法定的赡养义务，其拒不履行赡养义务，遗弃老人，将会受到法律和道德的双重制裁。根据《老年人权益保障法》第十四条至第十六条的规定，赡养人应当履行对老年人经济上供养、生活上照料和精神上慰藉的义务，并照顾老年人的特殊需要。赡养人应当使患病的老年人及时得到治疗和护理；对经济困难的老年人，应当提供医疗费用。赡养人应当妥善安排老年人的住房，不得强迫老年人居住或者迁居条件低劣的房屋。

那么，老人被儿子遗弃后，要通过何种途径得到救济呢?《民法典》第一千零四十二条第三款规定：“禁止家庭暴力。禁止家庭成员间的虐待和遗弃。”第一千零六十七条规定：“父母不履行抚养义务的，未成年子女或者不能独立生活的成年子女，有要求父母给付抚养费的权利。成年子女不履行赡养义务的，缺乏劳动能力或者生活困难的父母，有要求成年子女给付赡养费的权利。”可见，父母有权要求成年子女履行赡养义务。同时，《老年人权益保障法》第七十五条也作出了详细的规定，老年人与家庭成员因赡养发生纠纷，可以申请人民调解委员会或者其他有关组织进行调解，也可以直接向人民法院提起诉讼。人民调解委员会或者其他有关组织调解前款纠纷时，应当通过说服、疏导等方式化解矛盾和纠纷；对有过错的家庭成员，应当给予批评教育。人民法院对老年人追索赡养费或者扶养费的申请，可以依法裁定先予执行。

本案中，老人儿子的行为已经涉嫌遗弃罪，老人可以向居委会、法院提出请求，也可以向公安部门提出控告，要求儿子履行赡养义务，承担法律责任。

法律条文

《中华人民共和国民法典》

第一千零四十二条第三款　禁止家庭暴力。禁止家庭成员间的虐待和遗弃。

第一千零六十七条　父母不履行抚养义务的，未成年子女或者不能独立生活的成年子女，有要求父母给付抚养费的权利。

成年子女不履行赡养义务的，缺乏劳动能力或者生活困难的父母，有要求成年子女给付赡养费的权利。

《中华人民共和国老年人权益保障法》

第十四条　赡养人应当履行对老年人经济上供养、生活上照料和精神上慰藉的义务，照顾老年人的特殊需要。

赡养人是指老年人的子女以及其他依法负有赡养义务的人。

赡养人的配偶应当协助赡养人履行赡养义务。

第十五条　赡养人应当使患病的老年人及时得到治疗和护理；对经济困难的老年人，应当提供医疗费用。

对生活不能自理的老年人，赡养人应当承担照料责任；不能亲自照料的，可以按照老年人的意愿委托他人或者养老机构等照料。

第十六条 赡养人应当妥善安排老年人的住房，不得强迫老年人居住或者迁居条件低劣的房屋。

老年人自有的或者承租的住房，子女或者其他亲属不得侵占，不得擅自改变产权关系或者租赁关系。

老年人自有的住房，赡养人有维修的义务。

第七十五条 老年人与家庭成员因赡养、扶养或者住房、财产等发生纠纷，可以申请人民调解委员会或者其他有关组织进行调解，也可以直接向人民法院提起诉讼。

人民调解委员会或者其他有关组织调解前款纠纷时，应当通过说服、疏导等方式化解矛盾和纠纷；对有过错的家庭成员，应当给予批评教育。

人民法院对老年人追索赡养费或者扶养费的申请，可以依法裁定先予执行。

家庭成员应当关心老年人的精神需求，经常看望、问候老年人，不得忽视、冷落老年人。赡养人对老年人尽赡养义务，除了在物质上照顾老人，还应当在精神上给予其慰藉。

46. 孙子女对老人是否有赡养义务?

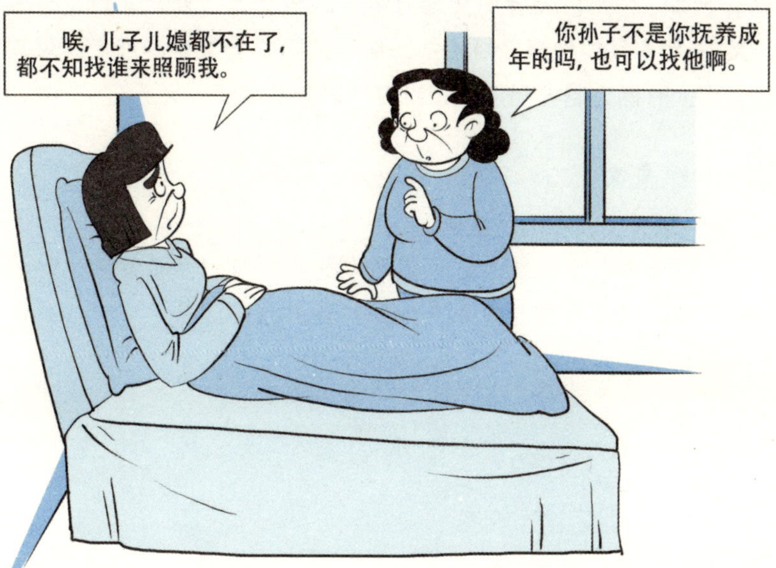

案例背景

秦某9岁时，父母就进城打工了，秦某一直和奶奶杨某生活在一起。秦某13岁时，父母在回家探亲的路上不幸发生车祸双双身亡，自此，秦某与奶奶相依为命。杨某把秦某抚养长大，秦某参加工作后，杨某却因劳累过度加上年事已高瘫痪在床。由于杨某的儿子和儿媳已经去世，行动不便的杨某不知该找谁来照顾自己。后来同村的刘大姐告知她可以去找孙子秦某，秦某不会不管奶奶的。

学法有疑

孙子女对老人是否有赡养义务?

法律讲堂

根据《民法典》第一千零七十四条的规定:“有负担能力的祖

父母、外祖父母，对于父母已经死亡或者父母无力抚养的未成年孙子女、外孙子女，有抚养的义务。有负担能力的孙子女、外孙子女，对于子女已经死亡或者子女无力赡养的祖父母、外祖父母，有赡养的义务。”秦某的父母已经死亡，秦某被奶奶杨某抚养成人。现其已经工作，有能力赡养杨某，应当对奶奶杨某尽赡养义务。

法律条文

《中华人民共和国民法典》

第一千零七十四条 有负担能力的祖父母、外祖父母，对于父母已经死亡或者父母无力抚养的未成年孙子女、外孙子女，有抚养的义务。

有负担能力的孙子女、外孙子女，对于子女已经死亡或者子女无力赡养的祖父母、外祖父母，有赡养的义务。

抚养、赡养义务不只是限于父母与子女之间，在特殊情况下，兄、姐可能对弟、妹负担抚养义务；孙子女、外孙子女也可能对祖父母、外祖父母负担赡养义务。家庭成员间应相互照顾、扶持，依法履行自己应尽的抚养、赡养义务。

47. 儿子为结婚迫使老父搬走，其行为是否会受到法律的制裁？

案例背景

张某的母亲在其上小学时就去世了，后张某一直和父亲相依为命。父子二人虽然生活很辛苦，但父亲依然供儿子读完了大学。大学毕业后的张某找到了一份不错的工作，也找到了女朋友，两人感情很好，准备结婚。为了帮儿子买新房，张某的父亲将老家的房子卖了与张某一起生活。当一切准备就绪时，女方的家长却提出婚后不和公公生活在一起的要求。张某认为自己能够娶上媳妇不容易，便坚决要求父亲搬回老家居住。张某的父亲见儿子这样不孝，既心寒又生气，一纸诉状将其告上了法庭。

学法有疑

张某会受到法律的制裁吗？

法律讲堂

父母对子女有抚养的义务，子女对父母有赡养的义务，子女对父母的赡养包括为父母提供必要的物质生活条件和精神生活条件。有关老人住房方面，我国《老年人权益保障法》第十六条第一款明确规定，赡养人应当妥善安排老年人的住房，不得强迫老年人居住或者迁居条件低劣的房屋。

张某的父亲倾尽自己的所有为儿子购买新房，可儿子为了结婚却强行让无依无靠的父亲搬出去，这不仅有悖道德，更触犯了法律，其恶劣的行为会受到法律的制裁。

法律条文

《中华人民共和国老年人权益保障法》

第十六条 赡养人应当妥善安排老年人的住房，不得强迫老年人居住或者迁居条件低劣的房屋。

老年人自有的或者承租的住房，子女或者其他亲属不得侵占，不得擅自改变产权关系或者租赁关系。

老年人自有的住房，赡养人有维修的义务。

第七十七条 家庭成员盗窃、诈骗、抢夺、侵占、勒索、故意损毁老年人财物，构成违反治安管理行为的，依法给予治安管理处罚；构成犯罪的，依法追究刑事责任。

老年人的住房也属于赡养问题，身为赡养人，应当给老年人提供住房保障。对于老年人自有的或者承租的住房，子女或者其他亲属不得侵占，不得擅自改变产权关系或者租赁关系。对于老年人与子女或者其他亲属共同出资购买、建造的住房，老年人依法享有相应的房屋所有权和居住权，任何人不得强迫老年人迁出。

48. 老年人是否有监护人？老年人可以给自己指定监护人吗？

案例背景

李某曾任某大学教授，现已退休。其妻子前几年去世，去年李某在他人的介绍下与王某再婚。李某与前妻的两个子女早已经成家立业。自从李某的前妻去世后，子女们便很少来照顾李某的生活起居，这让李某非常失望，于是李某与王某再婚后决定指定王某为自己的监护人。当李某突发疾病卧床不起时，王某也就承担起了监护人的责任。李某的子女们得知此事后，对王某的监护人身份提出质疑，认为老人并没有监护人，所以李某指定王某为监护人是不合法的。

学法有疑

老年人有监护人吗？老年人可以给自己指定监护人吗？

法律讲堂

为了保障无民事行为能力人和限制民事行为能力人的人身和财产权益，我国设置了监护人制度。监护人的主要职责就是保护被监护人的人身、财产及其他合法权益，除为被监护人的利益外，不得处理被监护人的财产。老年人是一个需要特殊保护的群体，为了能够更好地维护老年人的合法权益，我国《老年人权益保障法》第二十六条规定："具备完全民事行为能力的老年人，可以在近亲属或者其他与自己关系密切、愿意承担监护责任的个人、组织中协商确定自己的监护人。监护人在老年人丧失或者部分丧失民事行为能力时，依法承担监护责任。老年人未事先确定监护人的，其丧失或者部分丧失民事行为能力时，依照有关法律的规定确定监护人。"

由此可见，李某指定王某为自己的监护人是符合法律规定的，其子女的反对无效，王某应行使其监护人的权利，履行监护人的义务。

法律条文

《中华人民共和国老年人权益保障法》

第二十六条 具备完全民事行为能力的老年人，可以在近亲属或者其他与自己关系密切、愿意承担监护责任的个人、组织中协商确定自己的监护人。监护人在老年人丧失或者部分丧失民事行为能力时，依法承担监护责任。

老年人未事先确定监护人的，其丧失或者部分丧失民事行为能力时，依照有关法律的规定确定监护人。

父母是未成年子女的法定监护人，父母年迈后，成年子女也是父母的法定监护人。同时，在年老的父母具有完全民事行为能力时，也可以自己选择能够对自己履行监护职责的人，这样当自己糊涂了，丧失了民事行为能力时，自己选择的监护人就应当履行监护职责，保障自己晚年的幸福生活。

49. 儿女向年迈的父母骗钱花，会受到法律的制裁吗？

案例背景

杨某自幼生长在农村，一心想要进城闯荡。进城后，经过他人介绍，杨某认识了开游戏厅的王老板。王老板见杨某人聪明，便让其在自己的游戏厅上班，每月工资3000元，表现好的话还会涨工资，并允许其空闲时间可以在游戏厅玩玩。杨某刚开始在游戏厅干得不错，自己没事的时候也会小玩一把。但到后来，杨某对游戏赌博上了瘾，慢慢地手里的钱已全部赌光，于是便给年迈的父母打电话谎称自己出车祸急需3万元钱，父母二话不说四处凑了3万元就给杨某汇了过去。

学法有疑

杨某的这种行为是否会受到法律的制裁？

法律讲堂

家庭成员之间互相帮助是理所当然的事，一个家庭的和睦建立在家庭成员互相帮助、互相信任、互相包容的基础之上。子女遇到困难时，父母会尽其所能帮助解决。老年人作为特殊保护群体，为了使其财产权益得到确实的保障，我国《老年人权益保障法》第二十二条第一款规定，老年人对个人的财产，依法享有占有、使用、收益和处分的权利，子女或者其他亲属不得干涉，不得以窃取、骗取、强行索取等方式侵犯老年人的财产权益。第七十七条规定，家庭成员盗窃、诈骗、抢夺、侵占、勒索、故意损毁老年人财物，构成违反治安管理行为的，依法给予治安管理处罚；构成犯罪的，依法追究刑事责任。杨某的行为违反了我国法律规定，并且性质恶劣，将会受到法律的制裁。一般只有得到近亲属谅解的，才可不按犯罪处理。

法律条文

《中华人民共和国老年人权益保障法》

第二十二条第一款 老年人对个人的财产，依法享有占有、使用、收益和处分的权利，子女或者其他亲属不得干涉，不得以窃取、骗取、强行索取等方式侵犯老年人的财产权益。

第七十七条 家庭成员盗窃、诈骗、抢夺、侵占、勒索、故意损毁老年人财物，构成违反治安管理行为的，依法给予治安管理处罚；构成犯罪的，依法追究刑事责任。

《最高人民法院、最高人民检察院关于办理诈骗刑事案件具体应用法律若干问题的解释》

第四条 诈骗近亲属的财物，近亲属谅解的，一般可不按犯罪处理。

诈骗近亲属的财物，确有追究刑事责任必要的，具体处理也应酌情从宽。

根据我国法律规定，老年人有权处分个人的财产，子女等亲属不得干涉。不仅老年人的个人财产，其所继承或受赠的财产，也不受子女或者其他亲属的干涉和侵犯。对盗窃、诈骗、抢夺、侵占、勒索、故意损毁老年人财产的行为，不但应当对老年人进行赔偿，对行为人还可以处以治安管理处罚，甚至追究刑事责任。

50. 子女之间有权订立分开赡养父母的协议吗?

案例背景

方某与老伴李某有两个儿子，老两口现已将近80岁了。由于年老体弱，二老便向儿子们提出要他们尽赡养义务。两个儿子经过商量后决定让父亲方某归老大赡养，母亲李某归老二赡养，二老分开居住，两位老人无奈之下表示同意。但当方某与李某分别在儿子家生活时，两个儿子并没有尽到赡养义务，而是经常要求老人帮忙下地干活，并动辄冷语相对。

学法有疑

子女之间有权订立分开赡养父母的协议吗?

法律讲堂

我国《宪法》《民法典》都有明确规定，成年子女有赡养扶助父母的义务。而根据我国《老年人权益保障法》第十四条、第二十条的规定，赡养人应当履行对老年人经济上供养、生活上照料和精神上慰藉的义务，并照顾老年人的特殊需要。赡养人之间可以就履行赡养义务签订协议，但协议内容不得有违法律规定和老年人意愿，且签订协议必须征得老年人同意，并保证上述赡养义务得以履行。由本案情形可知，方某与李某的两个儿子与父母签订分别赡养协议，并非出于两位老人的自愿。且两个儿子也没有切实履行对父母经济上供养、生活上照料和精神上慰藉的义务，因此，该协议无效。两位老人可以要求两个儿子给付赡养费，也可以要求到其中一个儿子家居住，另一个儿子给付赡养费。如果儿子们仍不履行赡养义务，两位老人则可以向当地的基层人民法院提起诉讼，要求其履行赡养义务。

法律条文

《中华人民共和国宪法》

第四十九条第三款 父母有抚养教育未成年子女的义务，成年子女有赡养扶助父母的义务。

《中华人民共和国民法典》

第二十六条第一款 父母对未成年子女负有抚养、教育和保护的义务。

第一千零六十七条第二款 成年子女不履行赡养义务的，缺乏劳动能力或者生活困难的父母，有要求成年子女给付赡养费的权利。

《中华人民共和国老年人权益保障法》

第十四条第一款 赡养人应当履行对老年人经济上供养、生活上照料和精神上慰藉的义务，照顾老年人的特殊需要。

第十九条 赡养人不得以放弃继承权或者其他理由，拒绝履行赡养义务。

赡养人不履行赡养义务，老年人有要求赡养人付给赡养费等权利。

赡养人不得要求老年人承担力不能及的劳动。

第二十条 经老年人同意，赡养人之间可以就履行赡养义务签订协议。赡养协议的内容不得违反法律的规定和老年人的意愿。

基层群众性自治组织、老年人组织或者赡养人所在单位监督协议的履行。

一句话说法

依据法律规定，各赡养人之间可以就履行赡养义务签订协议，但该协议必须经老年人同意，且协议的内容不得违反法律的规定和老年人的意愿。因为赡养的目的是父母愉悦地生活。当父母有多个子女时，子女应当共同承担赡养扶助父母的义务，每个子女承担义务的多少，应当根据各个子女的生活、经济条件进行协商。

51. 子女放弃继承权后就不用履行赡养父母的义务了吗?

案例背景

周某与爱人生有一对龙凤胎，分别取名小红、小涛，现姐弟俩都已经成家。一直以来，小红心里都觉得父母重男轻女，不管什么事情都会偏向自己的弟弟，因此，与父母关系紧张，她甚至曾声称父母死后，自己一分钱也不要，全都留给弟弟，但在父母生前拒绝履行赡养义务。后来母亲生病住院，小涛无法独自照料，找到姐姐要求其支付赡养费。小红称自己早有声明在先，既不会赡养父母，将来更不会继承他们的遗产，因此，不可能支付赡养费。

学法有疑

子女能以放弃继承权为由拒绝赡养父母吗?

法律讲堂

根据我国《民法典》《老年人权益保障法》的规定，赡养父母是成年子女的法定义务，这种义务是无条件的，任何人不得以任何理由推脱。当父母丧失劳动能力、生活困难时，子女应当给付生活费；当父母生病时，子女应当悉心照料，提供医疗费用等。这些都是赡养人应尽的义务，既不允许赡养人以任何理由拒绝履行，也不能对履行附加任何条件。因此，本案中小红不能因声明放弃继承权而不履行对父母的赡养义务。

法律条文

《中华人民共和国老年人权益保障法》

第十九条第一款 赡养人不得以放弃继承权或者其他理由，拒绝履行赡养义务。

抚养未成年的子女是父母的法定义务，同样，赡养年迈的父母也是子女的法定义务。在父母年老生活困难、无劳动能力的情况下，凡是有赡养能力的子女，都应当履行对老年人经济上供养、生活上照料和精神上慰藉的义务，并照顾老年人的特殊需要。

第7章 离婚制度与程序

52. 离婚可以不通过法院诉讼吗？

案例背景

小敏一直都有嫁入豪门的梦想，终于她在一次聚会上认识了某集团的“富二代”王某。小敏成功俘获了王某的心，两人很快步入了婚姻的殿堂。小敏虽然如愿以偿嫁进了豪门，婚姻生活却并不幸福。长期以来，小敏不但遭到婆婆的刁难，丈夫王某也经常夜不归宿。小敏觉得这样的婚姻没有办法继续维持了，遂决定与王某离婚。但碍于情面的小敏不希望通过法院判决，觉得那样没有面子。

学法有疑

离婚时，可以不去法院吗？

法律讲堂

夫妻双方如要离婚，不一定都要上法院。根据我国《民法典》婚姻家庭编的规定，解除或终止婚姻关系的方式有两种——协议离婚和起诉离婚。如果夫妻双方自愿离婚，且对家庭共同财产的分割和子女的抚养权达成协议，则可以向婚姻登记机关提出离婚申请，由婚姻登记机关依法依程序作出准予离婚的决定；如果夫妻一方不同意离婚，或者双方就细节问题协商不成，则可向法院提出离婚的诉讼请求，请求法院作出判决。

法律条文

《中华人民共和国民法典》

第一千零七十六条 夫妻双方自愿离婚的，应当签订书面离婚协议，并亲自到婚姻登记机关申请离婚登记。

离婚协议应当载明双方自愿离婚的意思表示和对子女抚养、财产以及债务处理等事项协商一致的意见。

第一千零七十七条 自婚姻登记机关收到离婚登记申请之日起三十日内，任何一方不愿意离婚的，可以向婚姻登记机关撤回离婚登记申请。

前款规定期限届满后三十日内，双方应当亲自到婚姻登记机关申请发给离婚证；未申请的，视为撤回离婚登记申请。

第一千零七十八条 婚姻登记机关查明双方确实是自愿离婚，并已经对子女抚养、财产以及债务处理等事项协商一致的，予以登记，发给离婚证。

第一千零七十九条 夫妻一方要求离婚的，可以由有关组织进行调解或者直接向人民法院提起离婚诉讼。

人民法院审理离婚案件，应当进行调解；如果感情确已破裂，调解无效的，应当准予离婚。

有下列情形之一，调解无效的，应当准予离婚：

（一）重婚或者与他人同居；

（二）实施家庭暴力或者虐待、遗弃家庭成员；

（三）有赌博、吸毒等恶习屡教不改；

（四）因感情不和分居满二年；

（五）其他导致夫妻感情破裂的情形。

一方被宣告失踪，另一方提起离婚诉讼的，应当准予离婚。

经人民法院判决不准离婚后，双方又分居满一年，一方再次提起离婚诉讼的，应当准予离婚。

一句话说法

夫妻双方如决定离婚，不一定都要通过法院诉讼。如果夫妻双方自愿离婚，且对家庭共同财产的分割和子女的抚养权达成协议，则夫妻双方可以向婚姻登记机关提出离婚申请，在履行一定程序后，由婚姻登记机关制作离婚证。

53. 现役军人的配偶要求离婚，必须征得对方同意吗？

案例背景

小芳上初中时就特别崇拜军人，长大后，如愿以偿嫁给了一名现役军人。结婚后的前两年，小芳觉得自己特别幸福，但是时间长了，她开始厌烦丈夫一年四季都穿着同样的衣服，整天就只知道部队的事情，家里的事一点也不管。于是，小芳有了离婚的想法，但碍于丈夫军人的身份，小芳不知道该怎么办理离婚手续。后来，她听朋友说，如果要与现役军人离婚，要征得对方的同意才行。

学法有疑

小芳要离婚，需要征得军人丈夫的同意吗？

法律讲堂

小芳要离婚，需要征得军人丈夫的同意。这是我国法律对军人婚姻权利的重视与保护。我国《民法典》第一千零八十一条规定："现役军人的配偶要求离婚，应当征得军人同意，但是军人一方有重大过错的除外。"军人的配偶想要离婚，必须征得军人同意，军人如果不同意，是无法离婚的，即使军人的配偶向法院提起诉讼，法院也是不会受理的。当然，如果军人存在重大过错，如重婚、实施家庭暴力等情形，则另一方要求离婚无须征得军人方的同意。

法律条文

《中华人民共和国民法典》

第一千零八十一条 现役军人的配偶要求离婚，应当征得军人同意，但是军人一方有重大过错的除外。

一句话说法

军人的职责是保家卫国，他们有着不同于普通公民的责任和义务。但在日常生活中他们的有些权利处于弱势，为此法律对这一群体予以特殊保护，明确规定现役军人的配偶要求离婚的，必须征得军人一方的同意，这也是法律公平价值的体现。

54. 夫妻只要分居满二年人民法院就会判决离婚，是这样的吗？

案例背景

邓某中专毕业后，来到一家建筑公司上班。在工作过程中，他认识了公司的前台蓉蓉。蓉蓉是个非常善解人意的女孩，两人慢慢在相处过程中对彼此产生了爱意。恋爱半年后，两人步入了婚姻的殿堂。婚后不久，邓某由于工作需要被调到了外地，一去就是两年，也因此造成了与妻子蓉蓉两地分居的局面，只有节假日的时候两人才能见上一面。邓某觉得这样下去对妻子很不公平，决定离婚。然而，蓉蓉觉得这只是丈夫的工作需要，坚持不同意离婚。后来，她听闺蜜说夫妻分居满二年即可确定属于“夫妻感情确已破裂”，法院会判决离婚。

学法有疑

夫妻只要分居满二年人民法院就会判决离婚，是这样的吗？

法律讲堂

根据我国《民法典》第一千零七十九条第三款的规定，夫妻因感情不和分居满二年提出离婚的，人民法院应当进行调解；如感情确已破裂，调解无效，应准予离婚。但应当注意的是：夫妻分居满二年的原因应当是双方感情不和，而不应是因为工作、学习、户口、住房等其他原因。

本案中邓某与妻子蓉蓉分居并非因为感情不和而是工作原因，人民法院不能以此作为判断“感情确已破裂”的依据。也就是说，分居满二年不是离婚的绝对条件，并非只要分居满二年就是“夫妻感情确已破裂”，法院一定准许离婚。如果分居满二年，但仍然有和好的可能，夫妻感情没有完全破裂，人民法院不会判决离婚。

法律条文

《中华人民共和国民法典》

第一千零七十九条第三款 有下列情形之一，调解无效的，应当准予离婚：

……

（四）因感情不和分居满二年；

……

法院判决夫妻离婚的前提条件是，夫妻感情确已破裂，没有和好的可能。长时间的分居可能会影响夫妻关系，但如果并非因为感情不和而分居的，即使符合“分居满二年”的条件，法院也不会判决离婚。而且即使分居满二年，但仍有和好可能的，法院就无法认定夫妻感情确已破裂，也无法以此为由判决离婚。

55. 在什么情况下，丈夫不能向妻子提出离婚?

案例背景

几个月前，已婚的孙某遇到了大学时的初恋张某。当孙某得知张某已经离婚时，心里有种莫名的激动，便主动接近张某。但由于自己已经结婚，又不敢太张扬，所以孙某一直私下里偷偷与张某约会。不久，张某要求孙某立刻与妻子离婚，不然自己就会离开他。孙某担心张某离开自己便向妻子提出了离婚，但孙某的妻子不同意，两人为此闹上法院。但就在此时，孙某妻子发现自己怀孕了。

学法有疑

在妻子怀孕的情况下，丈夫还能提出离婚吗？

法律讲堂

在妻子怀孕期间，丈夫不能提出离婚。鉴于妇女、儿童和老人属于社会弱势群体，所以我国在制定调整婚姻家庭类法律时，尽量本着保护妇女、儿童和老人合法权益的立法精神。对此，我国《民法典》第一千零八十二条明确规定，女方在怀孕期间、分娩后一年内或终止妊娠后六个月内，男方不得提出离婚。但是，女方提出离婚或者人民法院认为确有必要受理男方离婚请求的除外。本案中，孙某的妻子怀孕，孙某不能提出离婚。

法律条文

《中华人民共和国民法典》

第一千零八十二条 女方在怀孕期间、分娩后一年内或者终止妊娠后六个月内，男方不得提出离婚；但是，女方提出离婚或者人民法院认为确有必要受理男方离婚请求的除外。

一句话说法

根据保护妇女和儿童合法权益的原则，女方在怀孕期间，男方不得提出离婚。这是对怀孕期间妇女的特殊保护，也是对男方提出离婚的一项限制。但是在女方怀孕期间，男方提离婚并非绝对不被允许，如果女方有重大错误，人民法院经查明属实，可以受理该离婚请求。

56. 妻子有外遇并且怀孕，丈夫有权提出离婚吗？

案例背景

吴先生与刚刚认识三个月的赵女士闪电结婚。婚后二人生活还算幸福，但唯一美中不足的是赵女士一直不愿意要孩子。虽然吴先生很喜欢小孩，但他愿意尊重妻子的决定。不久前，赵女士偶然遇到了自己大学时的恋人杨某，两人都认为这是老天给他们创造的机会，于是赵女士与杨某开始了“地下情”，并且怀孕。此事最终被吴先生得知，吴先生不能忍受妻子对自己的背叛，提出离婚。

学法有疑

妻子有外遇并且怀孕，丈夫有权提出离婚吗？

法律讲堂

丈夫可以提出离婚。尽管我国《民法典》婚姻家庭编规定了一些对女性的保护条款，比如女方怀孕期间，男方不能提出离婚。但是，为了体现公平，针对具体问题还需具体分析。在司法实践中，如果存在以下几种情况，男方就可以在妻子怀孕期间提出离婚：(1) 女方结婚后与他人发生性关系而导致怀孕，使女方丧失被保护的必要。(2) 女方怀孕期间，分娩后一年内或中止妊娠后六个月内，男方的生命受到女方的威胁或者合法的权益遭到女方严重侵害的。(3) 女方对婴儿有虐待、遗弃行为的。

本案中赵女士是因为婚外性行为而怀孕，因此，她的丈夫吴先生可以在此期间提出离婚。

法律条文

《中华人民共和国民法典》

第一千零八十二条 女方在怀孕期间、分娩后一年内或者终止妊娠后六个月内，男方不得提出离婚；但是，女方提出离婚或者人民法院认为确有必要受理男方离婚请求的除外。

一句话说法

女方在怀孕期间，身心都处于需要保护阶段，因此，法律规定，在此期间男方不得提出离婚。但这种保护不是绝对的，本着法律的公平性考虑，一旦女方存在严重过错，如女方主动与他人发生性关系而怀孕等，则使其丧失了被保护的必要，在此情况下，男方可以依法提出离婚。

57. 夫妻一方被判刑，另一方有权要求离婚吗？

案例背景

王某大学毕业后回到了自己的家乡发展，通过努力进入某银行工作。一年后，单位考虑到王某工作认真，业绩突出，决定破格提升他为营业部副主管。随后事业有成的王某与女朋友佟某结了婚，并生下女儿，本该幸福美满的家庭，却因王某的贪念而破裂。几个月前，王某因贪污罪被判入狱，佟某怕丈夫的事情影响到年幼的孩子，因此，向法院提出离婚诉讼请求，希望结束与丈夫王某的婚姻关系。

学法有疑

佟某有权要求离婚吗？

法律讲堂

佟某这样做是可以的。根据我国《最高人民法院关于人民法院审理离婚案件如何认定夫妻感情确已破裂的若干具体意见》第十一条的规定，夫妻一方被依法判处长期徒刑（一般指5年以上），或者违法、犯罪行为严重伤害夫妻感情的，视为夫妻感情确已破裂，一方坚决要求离婚的，经调解无效，可依法判决准予离婚。

本案中，王某被判入狱，如果佟某的确无法原谅王某的罪行，感到内心经受巨大的折磨，夫妻关系确实不能再维持下去了，法院会考虑情况，作出合法合理的判决。

法律条文

《中华人民共和国民法典》

第一千零七十九条第二款 人民法院审理离婚案件，应当进行调解；如果感情确已破裂，调解无效的，应当准予离婚。

《最高人民法院关于人民法院审理离婚案件如何认定夫妻感情确已破裂的若干具体意见》

人民法院审理离婚案件，准予或不准离婚应以夫妻感情是否破裂作为区分的界限。判断夫妻感情是否确已破裂，应当从婚姻基础、婚后感情、离婚原因、夫妻关系的现状和有无和好的可能等方面综合分析。根据婚姻法①的有关规定和审判实践经验，凡属下列情形之一的，视为夫妻感情确已破裂。一方坚决要求离婚，经调解无效，可依法判决准予离婚。

……

11. 一方被依法判处长期徒刑，或其违法、犯罪行为严重伤害夫妻感情的。

……

处理因一方违法犯罪被判刑而引起的离婚纠纷，应在坚持婚姻自由的原则下，综合考虑违法犯罪的性质、严重程度、刑期长短。对原告憎恨对方违法犯罪行为，导致夫妻感情确已破裂而坚决要求离婚的，即使被告服刑期满或者解除劳动教养，夫妻也难于和好的，应准予离婚。

---

① 现为《中华人民共和国民法典》。

58. 离婚协议能否让他人代签？

案例背景

黄某与妻子钱某是大学同学，大学四年的相处建立了两人稳定的感情基础，身边的同学朋友都羡慕他们。毕业不久，两人迅速结了婚。但婚后生活并不像他们想象得那么简单，烦琐的事情很多，两人也经常因为意见不合而争吵不休，最终都觉得无法继续生活，遂决定协议离婚。但在签署离婚协议当天，妻子钱某到场后，发现黄某没来，而是黄某的朋友来了。黄某的朋友解释说，黄某现在在外地出差，所以委托他前来代签离婚协议。

学法有疑

离婚协议能否让他人代签？

法律讲堂

找别人代签离婚协议是不行的。签署离婚协议属于一种与身份相联系的严格的法律行为，有着明显的人身权利的特征。只有具有夫妻身份的完全民事行为能力人才能办理离婚协议，绝对不能让别人代办；即使让别人代办，婚姻登记机关也会拒绝办理。

法律条文

《中华人民共和国婚姻登记条例》

第十条第一款 内地居民自愿离婚的，男女双方应当共同到一方当事人常住户口所在地的婚姻登记机关办理离婚登记。

第十一条第一款 办理离婚登记的内地居民应当出具下列证件和证明材料：

（一）本人的户口簿、身份证；

（二）本人的结婚证；

（三）双方当事人共同签署的离婚协议书。

一句话说法

婚姻关系不同于一般的民事法律关系，其具有严格的身份专属性。婚姻的缔结与解除，只能由当事人本人亲自作出意思表示，任何人不能强迫和代理。

59. 双方达成离婚协议后，离婚手续应当如何办理?

案例背景

夏某与刘某经过他人介绍相识并结婚。婚后的第三年，夏某在一次同学聚会上认识了一个年轻漂亮的女大学生，两人情投意合，私下里开始了不正当的男女关系。夏某后来得知妻子早已发现自己有外遇，只是一直没有说破而已。夏某不忍心再欺骗妻子，向其坦白了一切并提出离婚，刘某同意，双方就财产分割、子女抚养问题达成协议。

学法有疑

双方达成离婚协议后，离婚手续应当如何办理?

法律讲堂

根据我国《民法典》第一千零七十六条、第一千零七十七条、第一千零七十八条和《婚姻登记条例》第十条、第十一条的规定，诉讼并不是离婚的必经途径。男女双方自愿离婚并就子女抚养及财产分割问题达成协议的，双方可以带上本人的户口簿、身份证、本人的结婚证以及双方当事人共同签署的离婚协议书直接到婚姻登记机关申请离婚。自婚姻登记机关收到离婚登记申请之日起三十日后，双方仍自愿离婚的，应当亲自到婚姻登记机关申请发给离婚证；否则将被视为撤回离婚登记申请。婚姻登记机关查明双方确实是自愿离婚，并已经对子女抚养、财产以及债务处理等事项协商一致的，将依法发给离婚证。男女双方在取得离婚证后，夫妻关系彻底解除，但双方仍是孩子的父母，一方负责抚养孩子，另一方就应当按期支付一定数额的抚养费。

法律条文

《中华人民共和国民法典》

第一千零七十六条 夫妻双方自愿离婚的，应当签订书面离婚协议，并亲自到婚姻登记机关申请离婚登记。

离婚协议应当载明双方自愿离婚的意思表示和对子女抚养、财产以及债务处理等事项协商一致的意见。

第一千零七十七条 自婚姻登记机关收到离婚登记申请之日起三十日内，任何一方不愿意离婚的，可以向婚姻登记机关撤回离婚登记申请。

前款规定期限届满后三十日内，双方应当亲自到婚姻登记机关申请发给离婚证；未申请的，视为撤回离婚登记申请。

第一千零七十八条 婚姻登记机关查明双方确实是自愿离婚，并已经对子女抚养、财产以及债务处理等事项协商一致的，予以登记，发给离婚证。

《中华人民共和国婚姻登记条例》

第十条第一款 内地居民自愿离婚的，男女双方应当共同到一方当事人常住户口所在地的婚姻登记机关办理离婚登记。

第十一条 办理离婚登记的内地居民应当出具下列证件和证明材料：

（一）本人的户口簿、身份证；

（二）本人的结婚证；

（三）双方当事人共同签署的离婚协议书。

……

离婚协议书应当载明双方当事人自愿离婚的意思表示以及对子女抚养、财产及债务处理等事项协商一致的意见。

第十三条 婚姻登记机关应当对离婚登记当事人出具的证件、证明材料进行审查并询问相关情况。对当事人确属自愿离婚，并已对子女抚养、财产、债务等问题达成一致处理意见的，应当当场予以登记，发给离婚证。

一句话说法

离婚分两种方式：一种是协议离婚，一种是诉讼离婚。每一种离婚方式都有自己的程序。在协议离婚的情况下，当事人双方可以直接到婚姻登记机构申请离婚，经过离婚“冷静期”后，通过当事人申请，婚姻登记机构经审查认为符合离婚条件的，予以登记并发给离婚证，注销结婚证。当事人从取得离婚证起，夫妻关系解除。

60. “离婚冷静期”是怎么回事?

案例背景

女子李某与男子吴某系闪婚。在结婚之后，李某发现吴某的行为与婚前她所认识的吴某判若两人。吴某每天热衷于打游戏，不外出工作，也不想着如何赚钱，花钱还大手大脚。李某觉得两人无法生活在一起。半年后，李某提出离婚，吴某也没有反对。后来，两人到民政局办理离婚手续，但是，民政局没有当场发给离婚证。原来，这里面涉及一个新的规定，即“三十日的离婚冷静期。”吴某回家后，经过亲朋好友的劝告和自己的反思，觉得婚姻是大事，结婚后应该承担起相应的责任，于是痛改前非，变得勤奋起来。后来，夫妻二人向民政局撤回了离婚申请。

学法有疑

“离婚冷静期”是怎么回事?

法律讲堂

离婚冷静期，是指在夫妻双方准备离婚时，根据法律规定，要求双方暂时分开一段时间，以考虑清楚是否继续离婚。我国《民法典》第一千零七十七条规定:“自婚姻登记机关收到离婚登记申请之日起三十日内，任何一方不愿意离婚的，可以向婚姻登记机关撤回离婚登记申请。前款规定期限届满后三十日内，双方应当亲自到婚姻登记机关申请发给离婚证；未申请的，视为撤回离婚登记申请。”据此可知，在我国，离婚冷静期的时间是三十日。在这三十日内，如双方和好的，可以撤回离婚申请，如果执意离婚，那么在三十日届满后，再通过申请发放离婚证。

法律条文

《中华人民共和国民法典》

第一千零七十七条 自婚姻登记机关收到离婚登记申请之日起三十日内，任何一方不愿意离婚的，可以向婚姻登记机关撤回离婚登记申请。

前款规定期限届满后三十日内，双方应当亲自到婚姻登记机关申请发给离婚证；未申请的，视为撤回离婚登记申请。

一句话说法

我国法律之所以规定离婚冷静期，是为了避免夫妻双方因为草率决定而冲动离婚。夫妻双方对于离婚冷静期，应该给予充分的重视，对于期间的法律权利，更应该把握住。

61. 法院会判决离婚的情形有哪些？

案例背景

李某与妻子郑某是大学同学，两人毕业后登记结了婚。婚后，李某向银行贷款开了一家商务贸易公司。公司运营的前两年效益非常好，但到了第三年，公司效益逐渐下滑，资金链出现问题，银行的贷款也还不上，最终宣告破产。李某破产后，人开始变得很消极，每天都醉醺醺地回家，而且醉酒后还会殴打郑某。郑某不堪忍受要求离婚，但李某不同意离婚，于是郑某到法院起诉申请离婚。

学法有疑

对于案例中的情形，法院会判决离婚吗？

法律讲堂

我国《民法典》第一千零七十九条规定了人民法院准予离婚的法定情形，其中包括：重婚或者与他人同居的；实施家庭暴力或者虐待、遗弃家庭成员的；有赌博、吸毒等恶习屡教不改的；因为感情不和分居满二年的；其他导致夫妻感情确已破裂的情形以及一方被宣告失踪的。此外，经人民法院判决不准离婚后，夫妻又分居满一年，一方再次提起离婚诉讼的，人民法院亦应当准予离婚。

本案中，李某经常在醉酒后殴打郑某，可以被认定为实施家庭暴力，属于准予离婚的法定情形，人民法院如经调解无效，应当判决离婚。

法律条文

《中华人民共和国民法典》

第一千零七十九条 夫妻一方要求离婚的，可以由有关组织进行调解或者直接向人民法院提起离婚诉讼。

人民法院审理离婚案件，应当进行调解；如果感情确已破裂，调解无效的，应当准予离婚。

有下列情形之一，调解无效的，应当准予离婚：

（一）重婚或者与他人同居；

（二）实施家庭暴力或者虐待、遗弃家庭成员；

（三）有赌博、吸毒等恶习屡教不改；

（四）因感情不和分居满二年；

（五）其他导致夫妻感情破裂的情形。

一方被宣告失踪，另一方提起离婚诉讼的，应当准予离婚。

经人民法院判决不准离婚后，双方又分居满一年，一方再次提起离婚诉讼的，应当准予离婚。

家庭暴力不仅侵害了受害者的人格尊严和身心健康，而且危害婚姻家庭稳定，对于感情基础牢固或不牢固的婚姻都有严重的破坏作用。我国法律明确禁止家庭暴力，同时把实施家庭暴力作为法定的离婚事由之一，这对保护妇女合法权益有着重要的意义。

62. 在离婚诉讼中，如何判定“夫妻感情确已破裂”呢？

案例背景

田某与妻子张某结婚已经20年了，这20年来，两人一直相敬如宾，但最近他们的感情却出现危机。张某向田某提出离婚，田某不同意，于是，张某向法院提起了诉讼请求，称两人感情已经破裂，请法院准予离婚。而田某则认为两人20年的感情不可能说破裂就破裂，称两人之间还存在深厚的感情，不肯离婚。

学法有疑

在离婚诉讼中，怎么样才算“夫妻感情确已破裂”呢？

法律讲堂

如何认定夫妻感情确已破裂，是诉讼离婚适用法律的关键。在司法实践中，认定夫妻感情是否确已破裂，需要综合婚姻基础、婚后感情、离婚原因、夫妻关系的现状和有无和好的可能等方面进行分析。如果确定夫妻感情确已破裂，经调解无效，人民法院应作出准予离婚的判决。

法律条文

《中华人民共和国民法典》

第一千零七十九条第二款 人民法院审理离婚案件，应当进行调解；如果感情确已破裂，调解无效的，应当准予离婚。

《最高人民法院关于人民法院审理离婚案件如何认定夫妻感情确已破裂的若干具体意见》

人民法院审理离婚案件，准予或不准离婚应以夫妻感情是否确已破裂作为区分的界限。判断夫妻感情是否确已破裂，应当从婚姻基础、婚后感情、离婚原因、夫妻关系的现状和有无和好的可能等方面综合分析。根据婚姻法①的有关规定和审判实践经验，凡属下列情形之一的，视为夫妻感情确已破裂。一方坚决要求离婚，经调解无效，可依法判决准予离婚。

1. 一方患有法定禁止结婚疾病的，或一方有生理缺陷，或其它原因不能发生性行为，且难以治愈的。

2. 婚前缺乏了解，草率结婚，婚后未建立起夫妻感情，难以共同生活的。

3. 婚前隐瞒了精神病，婚后经治不愈，或者婚前知道对方患有精神病而与其结婚，或一方在夫妻共同生活期间患精神病，久治不愈的。

4. 一方欺骗对方，或者在结婚登记时弄虚作假，骗取《结婚证》的。

5. 双方办理结婚登记后，未同居生活，无和好可能的。

6. 包办、买卖婚姻、婚后一方随即提出离婚，或者虽共同生活多年，但确未建立起夫妻感情的。

7. 因感情不和分居已满 3 年，确无和好可能的，或者经人民法院判决不准离婚后又分居满 1 年，互不履行夫妻义务的。

8. 一方与他人通奸、非法同居，经教育仍无悔改表现，无过错一方起诉离婚，或者过错方起诉离婚，对方不同意离婚，经批评教育，处分，或在人民法院判决不准离婚后，过错方又起诉离婚，确无和好可能的。

9. 一方重婚，对方提出离婚的。

10. 一方好逸恶劳、有赌博等恶习，不履行家庭义务、屡教不改，夫妻难以共同生活的。

11. 一方被依法判处长期徒刑，或其违法、犯罪行为严重伤害夫妻感情的。

12. 一方下落不明满二年，对方起诉离婚，经公告查找确无下落的。

13. 受对方的虐待、遗弃，或者受对方亲属虐待，或虐待对方亲

---

① 现为《中华人民共和国民法典》。

属，经教育不改，另一方不谅解的。

14. 因其他原因导致夫妻感情确已破裂的。

夫妻感情是婚姻关系得以维持的基础。夫妻感情确已破裂，无和好可能也是夫妻双方离婚的原因。判断夫妻感情是否破裂，需要综合婚姻基础、婚后感情、离婚原因、夫妻关系的现状及有无和好的可能等多方面因素。对此，我国相关的法律及司法解释也列举了一些夫妻感情确已破裂的情形，作为司法实践中准予离婚的法定依据。

63. 丈夫包养情妇被妻子发现，妻子能否要求离婚？

案例背景

孙女士的丈夫是做房地产生意的，平时因公司业务忙，很少照顾家里，孙女士也习惯了，觉得丈夫每天在外赚钱已经很不容易了，就算他很少回家也不应抱怨什么。某天晚上，孙女士去超市买东西，意外碰到丈夫和一个陌生女人在一起，两人举止非常亲密。后来经调查，孙女士发现原来丈夫在外面包养了一个情妇。孙女士打算向法院提起离婚诉讼，并要求丈夫赔偿她一定的损失。

学法有疑

法院会支持孙女士的诉讼请求吗？

法律讲堂

根据我国《民法典》第一千零七十九条和第一千零九十一条的规定，有配偶者与他人同居是离婚被准许的法定情形之一。无过错方因此请求离婚的，有权要求对方给予赔偿。本案中孙女士的丈夫在有配偶的情况下而与他人同居，法院应当支持孙女士的诉讼请求。

法律条文

《中华人民共和国民法典》

第一千零七十九条 夫妻一方要求离婚的，可以由有关组织进行调解或者直接向人民法院提起离婚诉讼。

人民法院审理离婚案件，应当进行调解；如果感情确已破裂，调解无效的，应当准予离婚。

有下列情形之一，调解无效的，应当准予离婚：

（一）重婚或者与他人同居；

……

第一千零九十一条 有下列情形之一，导致离婚的，无过错方有权请求损害赔偿：

（一）重婚；

（二）与他人同居；

（三）实施家庭暴力；

（四）虐待、遗弃家庭成员；

（五）有其他重大过错。

夫妻之间应当互相忠诚，互相尊重。已婚人士在婚内与他人同居不仅会破坏家庭和睦，还会对合法婚姻中无过错的一方当事人造成伤害，导致婚姻终结，因此，对这一行为无论是道德上还是法律上都是明确禁止的。

64. 提起离婚诉讼后又反悔了，是否还能撤诉？

案例背景

谢老先生与妻子张某结婚30年了，儿女们也都已成家立业。前不久，谢老先生与妻子张某因为家里的事情吵了好几天，便一气之下向法院提起了离婚的诉讼请求。儿女们得知后纷纷抽出时间来劝说父母。经过儿女们的劝说，谢老先生觉得自己与妻子还有深厚的感情，起诉离婚确实有些冲动。于是，谢老先生决定向法院申请撤诉。

学法有疑

提起离婚诉讼后又反悔了，是否还能撤诉？

法律讲堂

根据我国《民事诉讼法》及相关司法解释的规定，提起离婚诉讼的当事人在人民法院受理案件后直至宣告判决前，可以撤回起诉，是否准许，由人民法院裁定。一般情况下，只要符合以下情形，人民法院都会裁定准予撤诉：（1）申请撤诉的人是提起诉讼当事人本人或者其法定代理人或者经过特别授权的委托代理人；（2）申请撤诉是出于自愿而非受人强迫；（3）申请撤诉必须符合法律规定，即撤诉不得侵犯国家、集体或者他人的合法权益，不得规避法律；（4）申请撤诉必须在宣判以前提出。

人民法院一旦裁定准予撤诉，则不再继续行使审判权，诉讼即告终结。原告撤诉的离婚案件，没有新情况、新理由，6个月内又起诉的，人民法院不会再受理。

根据本案的具体情况，谢老先生的撤诉只要是在宣判前自愿提出，人民法院就会裁定准予撤诉。

法律条文

《中华人民共和国民事诉讼法》

第一百四十三条 原告经传票传唤，无正当理由拒不到庭的，或者未经法庭许可中途退庭的，可以按撤诉处理；被告反诉的，可以缺席判决。

第一百四十五条第一款 宣判前，原告申请撤诉的，是否准许，由人民法院裁定。

《最高人民法院关于适用〈中华人民共和国民事诉讼法〉的解释》

第二百一十四条 原告撤诉或者人民法院按撤诉处理后，原告以同一诉讼请求再次起诉的，人民法院应予受理。

原告撤诉或者按撤诉处理的离婚案件，没有新情况、新理由，六个月内又起诉的，比照民事诉讼法第一百二十四条第七项的规定不予受理。

一句话说法

撤诉是原告的一项诉讼权利。原告在诉讼过程中，可以依法行使该项权利。对于人民法院已经受理的案件，原告在判决前，可以撤诉，但是否准许，由人民法院裁定。同时，原告撤诉不能违反法律规定，损害社会公共利益。

65. 当事人收到一审离婚判决后，多久可以再婚？

案例背景

在杜某与妻子高某结婚的第三年，二人感情出现了危机。每当杜某下班回家后，二人都会因家里的琐事争吵起来，杜某也因此很少回家。后来，杜某觉得这日子再也过不下去了，向高某提出了离婚，但高某不同意。于是，杜某到法院起诉离婚，法院经过审理最终判决二人离婚，杜某拿到一审离婚判决后一个星期就与另一名女子办理了结婚登记手续。

学法有疑

杜某这么做合法吗？当事人收到一审离婚判决后，多久可以再婚？

法律讲堂

根据《民事诉讼法》的规定，我国实行两审终审制。一审判决书送达后，当事人可以在 15 天内提出上诉，在 15 天内未提出上诉的，一审判决书发生法律效力。二审判决是终审判决，二审判决书送达后立即发生法律效力。也就是说，人民法院的第一审判决在 15 天后才能发生法律效力。

本案中，杜某虽然拿到了法院的离婚判决书，但该判决尚未发生法律效力，杜某与高某的婚姻关系还未解除，就与他人到婚姻登记管理机关办理结婚登记的行为是非法的。即使办理了结婚登记，其婚姻关系也是无效的，不能得到法律的保护。

法律条文

《中华人民共和国民事诉讼法》

第一百四十八条第三款、第四款 宣告判决时，必须告知当事人上诉权利、上诉期限和上诉的法院。

宣告离婚判决，必须告知当事人在判决发生法律效力前不得另行结婚。

第一百六十四条第一款 当事人不服地方人民法院第一审判决的，有权在判决书送达之日起十五日内向上一级人民法院提起上诉。

一句话说法

离婚包括协议离婚和判决离婚。协议离婚的，双方到婚姻登记机关办理离婚手续，领取离婚证后，婚姻关系即告终结，双方均可以再婚；判决离婚的，需要等到判决生效后，双方的婚姻关系才正式解除。具体来说，要区分是一审判决还是二审判决，一审判决在判决书送达后15日内当事人未上诉的，判决生效，二审判决在判决书送达后即生效。

第8章 离婚时财产分割问题

66. 夫妻离婚时，对于一方继承的尚未分割的遗产，另一方有权要求作为夫妻共同财产进行分割吗？

案例背景

张先生的父亲去世时留下了一些古玩字画，但张先生与继母对这些遗产尚未分割。最近，张先生与妻子王某因感情不和，欲协议离婚。在协商分割财产时，王某提出其公公遗留的古玩字画也应作为夫妻共同财产进行分割。张先生则认为遗产尚未分割而且自己的继承权已过了诉讼时效，故不同意王某的要求。王某遂诉至法院要求对该遗产进行分割。

学法有疑

王某可以通过离婚诉讼分割该遗产吗？

法律讲堂

本案中张先生的遗产份额系在和王某的婚姻关系存续期间所继承，故在张先生离婚时，该部分遗产份额应作为夫妻共同财产进行分割。从程序上来说，由于遗产尚未分割，因此，王某希望通过离婚诉讼分割该遗产的想法是不能实现的。《最高人民法院关于适用〈中华人民共和国婚姻法〉若干问题的解释（三）》第十五条规定："婚姻关系存续期间，夫妻一方作为继承人依法可以继承的遗产，在继承人之间尚未实际分割，起诉离婚时另一方请求分割的，人民法院应当告知当事人在继承人之间实际分割遗产后另行起诉。”由此法条可知，当夫妻一方在离婚诉讼时请求分割其中一方继承的尚未实际分割的遗产时，法院应当告知当事人在继承人之间实际分割遗产后另行起诉。

因此，王某必须首先督促张先生或张先生的继母分割遗产。在取得遗产的分割证明后，王某才能通过离婚诉讼解决张先生已继承遗产的二次分割问题。至于张先生所说的其继承权已过了诉讼时效的问题是站不住脚的。继承权诉讼时效的起始时间，是从继承人知道或者应当知道继承权被侵害之日起计算，而不是从被继承人死亡的时候开始。在张先生的继母并没有将遗产过户到自己名下的情况下，不能认为张先生的继承权受到了侵害，故不应从张先生父亲死亡之日起计算张先生继承权的诉讼时效。

法律条文

《最高人民法院关于适用〈中华人民共和国婚姻法〉若干问题的解释（三）》

第十五条 婚姻关系存续期间，夫妻一方作为继承人依法可以继承的遗产，在继承人之间尚未实际分割，起诉离婚时另一方请求分割的，人民法院应当告知当事人在继承人之间实际分割遗产后另行起诉。

当夫妻一方在离婚诉讼时请求分割其中一方继承的尚未实际分割的遗产时，由于继承人的遗产继承份额等问题尚未确定，夫妻双方无法实际分割这一部分夫妻共同财产，故法院应当告知当事人在继承人之间实际分割遗产后另行起诉。

67. 夫妻离婚时，“全职太太”有权要求经济补偿吗？

案例背景

薛某与妻子张某都是从农村考出来的大学生。结婚时，夫妻书面约定婚姻期间所得的财产归各自所有。双方结婚的第三年，薛某便把自己的父母接到了城里生活。2019 年 5 月，薛某因工作需要被派到了外地的公司工作两年。妻子张某为了让薛某在外地专心工作，决定辞去工作，一心在家照顾老人和孩子。后来，由于夫妻俩长期两地分居，感情出现危机，经过商议，两人决定离婚。离婚时，张某认为自己因照顾家里，没有外出工作，所以没有经济来源，遂要求薛某给付经济补偿。

学法有疑

张某可以提出这样的要求吗？

法律讲堂

张某可以要求薛某给付经济补偿。根据《民法典》第一千零八十八条的相关规定，夫妻一方因抚育子女、照料老人、协助另一方工作等付出较多义务的，离婚时有权向另一方请求补偿，另一方应当予以补偿。具体的补偿办法由双方协商确定，协商不成的，由人民法院判决。该补偿并不因夫妻之间实行何种财产制而有所不同。本案中张某因照顾孩子和老人、打理家务等而放弃工作，可以认定为付出了较多的义务，因此，离婚时有权要求对方给予补偿。

法律条文

《中华人民共和国民法典》

第一千零八十八条 夫妻一方因抚育子女、照料老年人、协助另一方工作等负担较多义务的，离婚时有权向另一方请求补偿，另一方应当给予补偿。具体办法由双方协议；协议不成的，由人民法院判决。

一句话说法

我国《民法典》婚姻家庭编规定，一方因抚育子女、照料老人、协助另一方工作等付出较多义务的，离婚时有权向另一方请求补偿，这主要是对婚姻生活中一方家务劳动价值的认可，使经济地位较弱而承担较多家务劳动的一方离婚时在经济上得到一些补偿。

68. 对于丈夫婚前的债务，妻子有偿还义务吗？

案例背景

常某与妻子刘某在大学期间开始恋爱，毕业后两人就商量着结婚。结婚前，常某为了给刘某一个惊喜，便瞒着刘某向亲戚朋友借钱买了一套两居室的房子，作为婚房。刘某知道后，非常高兴，开开心心地与常某结了婚。婚后不久，亲戚朋友们纷纷要求常某偿还债务。于是常某向刘某提出一起偿还自己所欠的债务。

学法有疑

刘某需要替常某偿还债务吗？

法律讲堂

刘某需要替常某偿还债务。《最高人民法院关于适用〈中华人民共和国婚姻法〉若干问题的解释（二）》第二十三条明确规定，如果婚前一方所负债务是用于婚后家庭共同生活的，则债权人向另一方主张权利时，另一方不能拒绝。本案中，常某所负债务是用于购买婚房，因此，刘某需要和常某一起偿还债务。

法律条文

《最高人民法院关于适用〈中华人民共和国婚姻法〉若干问题的解释（二）》

第二十三条 债权人就一方婚前所负个人债务向债务人的配偶主张权利的，人民法院不予支持。但债权人能够证明所负债务用于婚后家庭共同生活的除外。

一句话说法

夫妻一方在婚前所欠的债务，不能简单认定为个人债务，而是应该根据所负债务的用途判断该债务是否属于夫妻共同债务。如果该债务是用于婚后家庭共同生活的，那么夫妻双方都有偿还的义务。

69. 离婚时，男方有权要求返还彩礼吗?

案例背景

陆某与田某是在他人介绍下认识的，彼此相处不到三个月就登记结婚了。两人结婚时，男方陆某的父母为了儿子风风光光娶媳妇，准备了一份丰厚的彩礼送给田家。但是两人结婚没几天就开始大吵大闹，冲动之下二人决定离婚。但在分割财产时，陆某却提出要求田某返还结婚时自己父母准备的彩礼。

学法有疑

陆某的要求合法吗?

法律讲堂

判断陆某的要求是否合法合理要视情况而定。按照传统习俗，婚姻当事人一方给付另一方的彩礼，不能单纯地归结为夫妻共同财产。通常情况下，彩礼的性质，可以认定为当事人一方的父母为了子女结婚的出资，按此理解，彩礼似乎属于夫妻共同财产。但是，根据《最高人民法院关于适用〈中华人民共和国婚姻法〉若干问题的解释（二）》第十条的规定，彩礼是一方给付给对方的钱物，是以结婚为目的的，接受了彩礼，即是对婚姻的承诺，如果后来没有办理结婚登记，彩礼一般是要还的。如果办理了结婚登记，但离婚时双方确实没有实际共同生活过的，或者因为给付彩礼导致给付人生活困难的，彩礼一般也应当予以返还。但是后两者情况应以夫妻离婚为前提。

本案中，陆某给田某的彩礼，按照司法解释的阐述，田某应该是要返还的。

法律条文

《最高人民法院关于适用〈中华人民共和国婚姻法〉若干问题的解释（二）》

第十条 当事人请求返还按照习俗给付的彩礼的，如果查明属于以下情形，人民法院应当予以支持：

（一）双方未办理结婚登记手续的；

（二）双方办理结婚登记手续但确未共同生活的；

（三）婚前给付并导致给付人生活困难的。

适用前款第（二）、（三）项的规定，应当以双方离婚为条件。

男方向女方给付彩礼是很多地方的习俗，其被视为双方对缔结婚姻的承诺。男方以结婚为目的向女方支付彩礼，而女方也是因为同意结婚才接受彩礼。如果双方不能达成该目的，女方应该退还。这一规定是公序良俗原则在缔结婚姻过程中的体现。

70. 男女离婚后又同居的，他们之间有没有继承遗产的权利？

案例背景

田某与白某是大学同学，毕业后就登记结婚了。婚后第二年，双方在感情上出现了危机，结果一时冲动办理了离婚手续。2019 年年初，双方在家人及亲朋好友的劝说下又以夫妻名义共同居住在一起，但是因种种原因未办理复婚登记。几个月前，田某去外地出差遭遇车祸不幸身亡。在对田某的财产进行分割的时候，白某认为自己与田某虽然未办理登记但是已经以夫妻名义共同生活，按照《民法典》继承编规定，其应该作为田某的配偶继承他的遗产。

学法有疑

白某是否有资格继承田某的遗产呢？

法律讲堂

《最高人民法院关于适用〈中华人民共和国婚姻法〉若干问题的解释（一）》第五条规定：“未按婚姻法第八条①规定办理结婚登记而以夫妻名义共同生活的男女，起诉到人民法院要求离婚的，应当区别对待：（一）1994 年 2 月 1 日民政部《婚姻登记管理条例》②公布实施以前，男女双方已经符合结婚实质要件的，按事实婚姻处理。（二）1994 年 2 月 1 日民政部《婚姻登记管理条例》③ 公布实施以后，男女双方符合结婚实质要件的，人民法院应当告知其在案件受理前补办结婚登记；未补办结婚登记的，按解除同居关系处理。”

---

① 现为《中华人民共和国民法典》第一千零四十九条。
② 现为《婚姻登记条例》。
③ 现为《婚姻登记条例》。

同时，该司法解释第六条规定："未按婚姻法第八条[①]规定办理结婚登记而以夫妻名义共同生活的男女，一方死亡，另一方以配偶身份主张享有继承权的，按照本解释第五条的原则处理。"根据上述规定，本案中的田某与白某是在2019年年初未办理结婚登记便以夫妻名义居住的，显然是在原《婚姻登记管理条例》公布实施以后，由于双方未补办结婚登记，所以不能认定为存在婚姻关系，而应认定为同居，按照同居关系处理，即白某不能作为法定继承人继承田某的遗产，但是同居期间双方获得的财产可以向法院起诉要求分割。

法律条文

《最高人民法院关于适用〈中华人民共和国婚姻法〉若干问题的解释（一）》

第五条 未按婚姻法第八条[②]规定办理结婚登记而以夫妻名义共同生活的男女，起诉到人民法院要求离婚的，应当区别对待：

（一）1994年2月1日民政部《婚姻登记管理条例》[③]公布实施以前，男女双方已经符合结婚实质要件的，按事实婚姻处理。

（二）1994年2月1日民政部《婚姻登记管理条例》[④]公布实施以后，男女双方符合结婚实质要件的，人民法院应当告知其在案件受理前补办结婚登记；未补办结婚登记的，按解除同居关系处理。

第六条 未按婚姻法第八条[⑤]规定办理结婚登记而以夫妻名义共同生活的男女，一方死亡，另一方以配偶身份主张享有继承权的，按照本解释第五条的原则处理。

---

① 现为《中华人民共和国民法典》第一千零四十九条。
② 现为《中华人民共和国民法典》第一千零四十九条。
③ 现为《婚姻登记条例》。
④ 现为《婚姻登记条例》。
⑤ 现为《中华人民共和国民法典》第一千零四十九条。

同居的两人之间是否有继承权，关键在于两人是否有婚姻关系。根据我国法律规定，在 1994 年 2 月 1 日以前未办理结婚登记即以夫妻名义同居生活的，只要符合结婚实质要件的，可以认定为事实婚姻，同居的两人之间有继承权。而在 1994 年 2 月 1 日以后以夫妻名义同居且符合结婚条件，但未办理结婚手续的，属无效婚姻，同居的两人之间没有继承权。

71. 协议离婚后，是否还能要求损害赔偿？

案例背景

丁某与方某是在父母的包办下登记结婚的，因两人没什么感情，婚姻生活一直不幸福。两人经常因为家庭琐事吵架，后来丁某变得很少回家，经常夜不归宿。不久，方某发现丈夫丁某一直和其他女人保持着不正当的男女关系，于是提出了离婚。丁某表示同意，两人商议之后，签署了离婚协议。协议生效后，方某向法院提起诉讼，要求丁某给付损害赔偿。

学法有疑

方某可以提起这样的诉求吗？

法律讲堂

方某可以向法院起诉，要求丁某给付损害赔偿。尽管方某与丁某已经协议离婚，但是，这并不能成为方某维护自己合法权益的障碍。根据《最高人民法院关于适用〈中华人民共和国婚姻法〉若干问题的解释（二）》第二十七条的规定，即使采用协议离婚的方式结束婚姻关系的，在办理离婚登记手续后一年内，没有放弃离婚损害赔偿请求权的无过错一方仍然有权要求损害赔偿。

法律条文

《最高人民法院关于适用〈中华人民共和国婚姻法〉若干问题的解释（二）》

第二十七条 当事人在婚姻登记机关办理离婚登记手续后，以婚姻法第四十六条①规定为由向人民法院提出损害赔偿请求的，人民

---

① 现为《中华人民共和国民法典》第一千零九十一条。

法院应当受理。但当事人在协议离婚时已经明确表示放弃该项请求，或者在办理离婚登记手续一年后提出的，不予支持。

协议离婚后要求赔偿应符合以下条件：一是当事人在婚姻登记机关办理离婚手续后，有权利提出损害赔偿请求；二是当事人在协议离婚时未表示放弃损害赔偿请求权；三是当事人应当在婚姻登记机关办理离婚手续后一年内提出损害赔偿，逾期则不予支持。这里需要注意，一年的规定属于除斥期间，不适用诉讼时效的中止、中断。

72. 离婚时，一方隐匿了财产该如何处理？

案例背景

车某与丈夫李某结婚没多久就因为感情不和而协议离婚。本来两人离婚的事情已经过去两年，但就在上个星期，车某却意外得知前夫李某在与自己处理离婚纠纷时，将一部分属于夫妻共有的财产转移到了李某的父母名下。车某非常生气，认为前夫李某侵害了自己的合法权益，于是，车某决定向人民法院提起诉讼，要求再次分割这部分财产。

学法有疑

法院会受理车某的起诉吗？

法律讲堂

法院会受理的。我国《民法典》婚姻家庭编的立法精神在于体现平等自由、公平诚实，这些已经成为调整婚姻关系的基本原则。这些基本原则在结婚的时候适用，在离婚的时候同样适用。李某将一部分夫妻共同财产转移到其父母名下，致使在分割财产的时候，夫妻共同财产属于不完整的状态，侵害了车某的合法权益，对车某来说是不公平的，对此法院会依法受理并支持车某的诉讼请求。

法律条文

《中华人民共和国民法典》

第一千零九十二条 夫妻一方隐藏、转移、变卖、毁损、挥霍夫妻共同财产，或者伪造夫妻共同债务企图侵占另一方财产的，在离婚分割夫妻共同财产时，对该方可以少分或者不分。离婚后，另一方发现有上述行为的，可以向人民法院提起诉讼，请求再次分割夫妻共同财产。

一句话说法

对于离婚，当事人对财产、子女等问题的争议最大。在离婚过程中，若一方将夫妻共同财产非法隐匿、变卖、转移，必然会侵害另一方的合法权益，根据法律的规定，对有上述行为一方应该少分或者不分。

第9章 离婚时子女抚养问题

73. 夫妻离婚后，子女的抚养权应该归哪一方？

案例背景

小红和小刚于2015年结婚，2016年小红生下一个儿子，取名涛涛。涛涛聪明可爱，小红和小刚都很疼爱他。2020年，小刚坐上了部门经理的位子，慢慢开始嫌弃小红，和自己的女助理开始了不正当的男女关系。之后小刚向小红提出离婚，他自知对不起小红，向小红承诺，只要小红同意离婚，家里所有的财产全部归小红所有。小红称自己同意离婚，但条件是儿子涛涛必须跟随自己生活。小刚不同意，双方不能达成协议，因此闹上法院。

学法有疑

夫妻离婚后，子女的抚养权应该归哪一方？

法律讲堂

根据我国《民法典》第一千零八十四条第三款规定，离婚后，不满两周岁的子女，以母亲直接抚养为原则。已满两周岁的子女，如双方因抚养问题发生争执不能达成协议时，由人民法院根据双方的具体情况，按照最有利于未成年子女的原则判决。

本案中，涛涛已经满两周岁，小红和小刚离婚时，法院会为了实现未成年子女的最大权益并根据双方的具体情况对涛涛的抚养问题进行判决。小红和小刚都要求儿子跟随自己生活，法院会依据法律规定，从有利于子女身心健康、保障子女的合法权益角度出发，结合父母双方的抚养能力和抚养条件等具体情况来确定子女随哪方生活。

法律条文

《中华人民共和国民法典》

第一千零八十四条 父母与子女间的关系，不因父母离婚而消除。离婚后，子女无论由父或者母直接抚养，仍是父母双方的子女。

离婚后，父母对于子女仍有抚养、教育、保护的权利和义务。

离婚后，不满两周岁的子女，以由母亲直接抚养为原则。已满两周岁的子女，父母双方对抚养问题协议不成的，由人民法院根据双方的具体情况，按照最有利于未成年子女的原则判决。子女已满八周岁的，应当尊重其真实意愿。

在离婚诉讼中，父母对子女的权利和义务有所改变，但是对子女的直接抚养关系到子女的健康成长，为此法律一般会选择有利于子女成长的一方来直接抚养。

74. 夫妻离婚后，一方有权不让另一方见孩子吗?

案例背景

小丽通过朋友介绍认识了小涛，两人很快确立了恋爱关系。同居一个月后，双方到婚姻登记处办理了登记手续。结婚后双方才发现彼此了解很少，性格不合，因此经常吵架。后来小丽生下了一个男孩，两人以为有了孩子感情会慢慢好转。然而有了孩子后事情多了，吵架的次数也更多了。直到孩子两岁时，两人因感情破裂办理了离婚手续。双方协议，离婚后孩子由小涛抚养，小丽表示同意。但每次小丽想要见孩子，小涛都千方百计地阻止，并对小丽称孩子是他们家的人，不允许小丽探视。

学法有疑

小涛有权利这样做吗?

法律讲堂

小涛不能阻止小丽见孩子。在我国法律的规定中，除了子女被其他人合法收养外，父母与子女的关系不会改变。

本案中，虽然小涛与小丽离婚了，但是小丽与孩子的母子关系不会随着婚姻关系的结束而结束。作为孩子的母亲，小丽当然有权探望孩子，这是法律赋予她的权利，任何人不能剥夺。根据我国《民法典》第一千零八十六条第一款的规定，离婚后，不直接抚养子女的父或母，有探望子女的权利，另一方有协助的义务。因此，小涛不但不能阻止小丽看孩子，还应当积极配合。除非小丽的探望会给孩子带来不利的影响，小丽探望孩子的权利才会被限制。根据该法第一千零八十六条第三款的规定，父或母探望子女，不利于子女身心健康的，由人民法院依法中止探望；中止的事由消失后，应当恢复探望。也就是说，即使小丽的探望影响了孩子的正常生活和健康成长，小涛也必须向法院提出中止小丽探望的申请，而不能私自阻挠小丽与孩子会面。

法律条文

《中华人民共和国民法典》

第一千零八十六条 离婚后，不直接抚养子女的父或者母，有探望子女的权利，另一方有协助的义务。

行使探望权利的方式、时间由当事人协议；协议不成的，由人民法院判决。

父或者母探望子女，不利于子女身心健康的，由人民法院依法中止探望；中止的事由消失后，应当恢复探望。

一句话说法

父母离婚后，未与子女生活在一起的一方父母有探望子女的权利，另一方父母应当予以协助、配合，不得进行阻止。如果一方的探望不利于子女的身心健康，跟随子女的一方可以向法院申请中止其探望。

75. 夫妻离婚后，未抚养子女的一方什么都不用管吗？

案例背景

农村姑娘小芳进城打工后认识了孟某。小芳人长得漂亮，孟某对她一见钟情。在孟某的爱情攻势下，两人很快确定了恋爱关系。之后小芳便和孟某同居，不久小芳发现自己怀孕了，要求和孟某结婚。孟某无奈之下同意与小芳结婚。但婚后第二年双方因感情不和，协议离婚。离婚后，孩子由小芳抚养。孟某以离婚为由，拒绝再对孩子履行任何抚养义务。小芳遂向人民法院提起诉讼，要求孟某承担孩子的部分抚养费用。

学法有疑

法院会支持小芳的诉讼请求吗？

法律讲堂

法院会支持小芳的诉求。父母与子女的关系，不会因为父母的离婚而结束，父母对子女的抚养义务，也不因父母离婚而消除。离婚后，不与子女共同生活的一方仍然负有对子女抚养的义务。我国《民法典》第一千零八十四条第二款明确规定，离婚后，父母对于子女仍有抚养、教育和保护的权利和义务。第一千零八十五条也规定，离婚后，一方抚养子女的，另一方应负担必要的生活费和教育费的部分或全部，具体数额和期限可以由双方协议，协议不成的可以由法院判决。

本案中，孟某与孩子是父子关系，即使与小芳离婚，孟某与孩子的父子关系仍然存在，孟某当然要履行抚养义务。

法律条文

《中华人民共和国民法典》

第一千零八十四条 父母与子女间的关系，不因父母离婚而结束。离婚后，子女无论由父或者母直接抚养，仍是父母双方的子女。

离婚后，父母对于子女仍有抚养、教育、保护的权利和义务。

离婚后，不满两周岁的子女，以由母亲直接抚养为原则。已满两周岁的子女，父母双方对抚养问题协议不成的，由人民法院根据双方的具体情况，按照最有利于未成年子女的原则判决。子女已满八周岁的，应当尊重其真实意愿。

第一千零八十五条　离婚后，子女由一方直接抚养的，另一方应当负担部分或者全部抚养费。负担费用的多少和期限的长短，由双方协议；协议不成的，由人民法院判决。

前款规定的协议或者判决，不妨碍子女在必要时向父母任何一方提出超过协议或者判决原定数额的合理要求。

父母与子女的关系，不会因为父母的离婚而消除。父母对子女的抚养义务，也不因父母的离婚而消除。离婚后，不与子女共同生活的一方仍然负有对子女抚养的义务。

76. 离婚后，母亲擅自变更孩子的姓名，父亲可以要求子女恢复原姓名吗?

案例背景

2018年7月，杜某与吴某以感情不和为由协议离婚，二人就财产分割和子女的抚养问题达成一致后办理了离婚手续。离婚时，其子洋洋只有两岁。因孩子年纪尚小，所以双方决定孩子跟随母亲吴某生活，杜某按月给孩子生活费。今年年初，吴某与男子刘某再婚，结婚后吴某将孩子改跟刘姓，杜某知道此事后要求吴某改回孩子的姓氏。

学法有疑

杜某有权要求吴某恢复孩子的姓氏吗？

法律讲堂

我国《民法典》第一千零一十五条明确规定：“自然人应当随父姓或者母姓……”《公安部关于父母离婚后子女姓名变更有关问题的批复》称：“对于离婚双方未经协商或协商未达成一致意见而其中一方要求变更子女姓名的，公安机关可以拒绝受理；对一方因向公安机关隐瞒离婚事实，而取得子女姓名变更的，若另一方要求恢复子女原姓名且离婚双方协商不成，公安机关应予恢复。”由此可见，父母有决定子女姓名的权利，子女既可以随父姓，也可以随母姓，但是如果夫妻双方离婚，一方擅自变更子女姓名的，另一方有权要求恢复子女的原姓名。因此，本案中杜某有权要求吴某改回孩子的姓氏。

法律条文

《中华人民共和国民法典》

第一千零一十五条 自然人应当随父姓或者母姓，但是有下列情形之一的，可以在父姓和母姓之外选取姓氏：

（一）选取其他直系长辈血亲的姓氏；

（二）因由法定扶养人以外的人扶养而选取扶养人姓氏；

（三）有不违背公序良俗的其他正当理由。

少数民族自然人的姓氏可以遵从本民族的文化传统和风俗习惯。

父母离婚后，一方能否擅自变更子女姓名，在实践中分三种情况：一是子女已是完全民事行为能力人的，由子女决定；二是子女是限制民事行为能力人（已满8周岁）的，要考虑子女的意见；三是子女是无民事行为能力人（8周岁以下）的，一方不能擅自变更。一方擅自变更的，另一方可以到公安机关要求恢复子女原来的姓名。

77. 离婚协议中能否约定轮流抚养孩子？

案例背景

李某与范某是大学同学。毕业后第二年，两人在一次聚会上偶然碰到，经过相处，彼此之间产生好感并最终登记结婚，婚后生有一子。在孩子4岁时，李某与范某在感情上出现了危机，经常吵得不可开交。最终，两人因无法共同生活而选择协议离婚。但双方在对孩子抚养权问题上互不让步。于是，李某提出由他们二人轮流抚养孩子。

学法有疑

这种做法会被法律许可吗？

法律讲堂

根据我国《民法典》第一千零七十八条的相关规定，自愿离婚的夫妻双方只要就子女的抚养问题和财产、债务处理等问题协商一致，就应准予离婚。而在处理孩子的抚养问题上，只要有利于保护子女利益，能使子女健康成长，法律并不禁止离婚父母协商轮流抚养子女。《最高人民法院关于人民法院审理离婚案件处理子女抚养问题的若干具体意见》第六条对此也作出明确规定，即“在有利于保护子女利益的前提下，父母双方协议轮流抚养子女的，可予准许。”这就是说，只要父母双方在离婚的时候协商一致，且这样做有利于维护子女的利益，子女就可以由双方轮流抚养。

因此，本案中，李某提出由他们二人轮流抚养孩子的做法，在有利于维护子女利益的情况下，是会被法律许可的。

法律条文

《中华人民共和国民法典》

第一千零七十八条 婚姻登记机关查明双方确实是自愿离婚，

并已经对子女抚养、财产以及债务处理等事项协商一致的，予以登记，发给离婚证。

《最高人民法院关于人民法院审理离婚案件处理子女抚养问题的若干具体意见》

6. 在有利于保护子女利益的前提下，父母双方协议轮流抚养子女的，可予准许。

由父母双方轮流抚养子女，一方面能够减少因父母离婚给子女心灵投下的阴影，使子女不因父母离婚而失去父母的共同关怀爱护，在人格上、生理上健康成长；另一方面，由父母双方轮流抚养，也可以使父母在感情上得到慰藉，缓和当事人双方的对立情绪，融洽双方的关系，共同做好对孩子的抚养教育。

78. 离婚后，是否能要求变更孩子的抚养权？

案例背景

高某与董某于2016年登记结婚，婚后生有一子。2020年，双方因感情破裂而选择了离婚。高某与董某离婚后，父亲高某取得了孩子的抚养权，董某则是按月给付孩子抚养费。但离婚几个月后，高某就被检查出得了癌症晚期，且病情正在急剧恶化。高某知道自己已经没有多长时间了，为了孩子考虑，遂向法院申请变更孩子的抚养权，把孩子交与董某抚养。

学法有疑

法院会支持这个请求吗？

法律讲堂

法院会支持高某的请求。我国法律有明确规定，与子女共同生活的一方因患严重疾病或因伤残无力继续抚养子女的，法院会依照当事人的诉讼请求，对抚养权予以变更。本案中高某的身体状况已经不能再继续抚养孩子，法院会依法支持其变更抚养权的请求。

法律条文

《最高人民法院关于人民法院审理离婚案件处理子女抚养问题的若干具体意见》

15. 离婚后，一方要求变更子女抚养关系的，或者子女要求增加抚育费的，应另行起诉。

16. 一方要求变更子女抚养关系有下列情形之一的，应予支持。

（1）与子女共同生活的一方因患严重疾病或因伤残无力继续抚养子女的；

（2）与子女共同生活的一方不尽抚养义务或有虐待子女行为，或其与子女共同生活对子女身心健康确有不利影响的；

(3) 十周岁以上未成年子女，愿随另一方生活，该方又有抚养能力的；

(4) 有其他正当理由需要变更的。

17. 父母双方协议变更子女抚养关系的，应予准许。

夫妻离婚时，对子女的抚养问题必须由双方协商或由法院判决，作出妥善处理，但随着时间的推移，父母的抚养能力和条件都可能发生变化，从而引发直接抚养子女的争议。根据我国《民法典》婚姻家庭编的精神，保护子女利益是基本原则。子女抚养权的归属和变更都应该围绕这一基本原则，只要是对子女成长有利的，就可以变更子女的抚养权。

第二篇

收养法律知识

第 1 章 收养的条件

79. 我国儿童被外国人收养时，需要办理登记吗？

案例背景

约翰夫妇三年前来到中国教书，夫妇二人不但性格好，而且非常善良。遗憾的是二人没有生育能力，但又非常喜欢孩子，就经常去孤儿院看望孩子，为他们带去快乐。慢慢地，约翰夫妇与孤儿院的孩子们建立了深厚的感情，孩子们也都很喜欢他们。于是就萌生了收养一个孩子的想法。因此他们四处打听，一位中国好友告诉他们应该办理收养登记。

学法有疑

这位朋友的说法正确吗？

法律讲堂

这位朋友的说法是正确的。《民法典》第一千一百零九条规定："外国人依法可以在中华人民共和国收养子女。外国人在中华人民共和国收养子女，应当经其所在国主管机关依照该国法律审查同意。收养人应当提供由其所在国有权机构出具的有关其年龄、婚姻、职业、财产、健康、有无受过刑事处罚等状况的证明材料，并与送养人签订书面协议，亲自向省、自治区、直辖市人民政府民政部门登记。前款规定的证明材料应当经收养人所在国外交机关或者外交机关授权的机构认证，并经中华人民共和国驻该国使领馆认证，但是国家另有规定的除外。"据此可知，外国人在中华人民共和国境内收养子女，应当依法办收养理登记。并且，收养程序比较复杂，申请人还必须提交各种材料及证明文件。据此，约翰夫妇必须办理登记才可以收养我国的儿童。

法律条文

《中华人民共和国民法典》

第一千一百零九条 外国人依法可以在中华人民共和国收养子女。

外国人在中华人民共和国收养子女，应当经其所在国主管机关依照该国法律审查同意。收养人应当提供由其所在国有权机构出具的有关其年龄、婚姻、职业、财产、健康、有无受过刑事处罚等状况的证明材料，并与送养人签订书面协议，亲自向省、自治区、直辖市人民政府民政部门登记。

前款规定的证明材料应当经收养人所在国外交机关或者外交机关授权的机构认证，并经中华人民共和国驻该国使领馆认证，但是国家另有规定的除外。

对于外国人在华收养子女，我国法律规定必须办理登记。法律这样规定充分体现了我国对被收养儿童权益的保障。

80. 孩子符合哪些条件时，才能被收养？

案例背景

强强今年15岁，上初中三年级，学习勤奋努力，在学校成绩一直名列前茅。但强强生活在贫困的山区，父母都患有疾病，一家人生活非常困难。如今，强强马上面临升入高中，但家里条件不允许他继续上学。于是强强利用暑假来到城里打工。在城里，强强遇见了好心的张叔叔和刘阿姨夫妻二人，当二人得知强强的情况后，非常同情其一家。因张、刘夫妻二人一直没有孩子，于是商议着收养强强，但夫妻二人不知道强强是否符合被收养的条件。

学法有疑

强强符合被收养的条件吗？

法律讲堂

根据我国《民法典》第一千零九十三条的规定，丧失父母的孤儿、查找不到生父母的未成年人以及生父母有特殊困难无力抚养的子女都可以被收养。此外还要注意，根据该法第一千一百零四条的规定，收养年满8周岁以上的未成年人的，应当征得被收养人的同意。

本案中，强强属于“生父母有特殊困难无力抚养子女”的情况，单就这点来说，强强是可以作为被收养人的。但是，收养涉及多方主体，除强强本人要符合被收养的情形外，张、刘二人也要符合收养人的条件。此时，如果强强的父母与张、刘夫妻达成合意，且强强也同意，张、刘夫妻二人就可以收养强强；如果强强不同意，但张、刘夫妻又想要帮助强强，则可以采取其他救助方式。

法律条文

《中华人民共和国民法典》

第一千零九十三条 下列未成年人，可以被收养：

（一）丧失父母的孤儿；

（二）查找不到生父母的未成年人；

（三）生父母有特殊困难无力抚养的子女。

第一千一百零四条 收养人收养与送养人送养，应当双方自愿。收养八周岁以上未成年人的，应当征得被收养人的同意。

一句话说法

不是任何未成年人都可以被收养，该未成年人必须是孤儿、弃婴（儿），或者是生父母有特殊困难无力抚养的儿童。只有符合我国法律规定的被收养人，才能由收养人收养。

81. 收养人须符合的条件有哪些?

案例背景

江某与秦某夫妇有一个4岁的儿子名叫彤彤。一家人生活优越，美满幸福。但有一天，一家三口自驾去郊外旅游的途中不幸发生车祸。彤彤由于年龄小，撞击力大加上抢救不及时，最终没能活下来。江、秦夫妻二人自从失去彤彤后就没有再生育孩子。一直到最近，夫妻二人又萌生了再要孩子的想法。可是经体检，秦某因车祸后遗症生育的概率很小。于是，夫妻二人决定收养一个小孩作为自己的子女。恰巧，一天，二人在公园遛弯时捡到了一个弃婴，于是，二人想收养这个孩子。那么，夫妻二人符合收养条件吗?

学法有疑

法律对此有相关规定吗?

法律讲堂

根据我国《民法典》第一千零九十八条的规定，收养人应当同时具备下列条件：(1) 无子女或者只有一名子女；(2) 有抚养教育、保护被收养人的能力；(3) 未患有在医学上认为不应当收养子女的疾病；(4) 无不利于被收养人健康成长的违法犯罪记录；(5) 年满三十周岁，无配偶者收养异性子女的，收养人与被收养人的年龄应当相差四十周岁以上。《民法典》放宽了收养人的限制条件，有一名子女的可以再收养一名子女；新增收养人“无不利于被收养人健康成长的违法犯罪记录”的限制条件。此外，有配偶者收养子女的，必须夫妻共同收养。

本案中，如果江、秦夫妻二人具有抚养教育、保护孩子的能力，且未患有医学上认为不应当收养子女的疾病，也没有不利于被收养人健康成长的违法犯罪记录，就可以收养一名符合条件的儿童作为自己的子女。

法律条文

《中华人民共和国民法典》

第一千零九十八条 收养人应当同时具备下列条件：

（一）无子女或者只有一名子女；

（二）有抚养、教育和保护被收养人的能力；

（三）未患有在医学上认为不应当收养子女的疾病；

（四）无不利于被收养人健康成长的违法犯罪记录；

（五）年满三十周岁。

第一千一百零一条 有配偶者收养子女，应当夫妻共同收养。

第一千一百零二条 无配偶者收养异性子女的，收养人与被收养人的年龄应当相差四十周岁以上。

一句话说法

收养人对被收养人的成长具有很大影响，为了确保被收养人能够健康成长，我国法律对收养人作出了明确的资格限制。只有符合法定的收养人条件的收养人，才能够依法收养子女。

82. 妻子能要回丈夫擅自送给他人收养的孩子吗?

案例背景

王某夫妇生活在山区，家庭条件非常困难。二人婚后生下一对龙凤胎，虽然家里条件差，但看着两个可爱的孩子，王某夫妇也感到很幸福。直到孩子们 3 岁时，王某的妻子再次怀孕又生下了一个女孩。但这时王某认为这个孩子的到来无疑加重了家庭的负担，便擅自决定将孩子送给他人收养。王某妻子得知后，大哭大闹，逼着王某说出孩子的收养人，并找到收养人想要回孩子。

学法有疑

王某的妻子能够要回自己的孩子吗?

法律讲堂

子女是父母共同的子女，生父母送养子女时，必须双方协商一致共同送养。任何一方未经另一方同意，不得单独送养子女，否则，送养行为不发生法律效力。据此，本案中王某瞒着妻子单独将女儿送与他人收养的行为是无效的。因此，王某的妻子能够要回自己的孩子。

法律条文

《中华人民共和国民法典》

第一千零九十七条 生父母送养子女，应当双方共同送养。生父母一方不明或者查找不到的，可以单方送养。

一句话说法

生父母因特殊困难无力抚养子女的，可以将子女送养给他人。但是，生父母决定送养子女时，必须双方都同意，并共同决定送养。除非是单亲家庭或者父母一方不明，法律才允许单方送养。这样规定，更好地尊重了生父母双方的意愿，也更有利于子女的成长。

83. 法律上有关于收养关系当事人要求保守收养秘密的规定吗?

案例背景

田某夫妇收养了张某未满1周岁的女儿，双方约定，在任何情形下，张某都不得向孩子泄露有关收养的秘密。孩子上中学后，张某因机缘巧合又见到了孩子，忍不住向孩子透露了实情。孩子回家后追问田某夫妇自己的身世，并且连续数月情绪低落，甚至对田某夫妇态度冷淡。田某夫妇对张某不遵守约定的行为很是愤怒，遂到法院起诉要求张某承担相应的责任。

学法有疑

法院会支持田某夫妇的诉讼请求吗?

法律讲堂

收养行为在一定程度上属于公民个人隐私的内容，为此我国《民法典》第一千一百一十条专门作出了有关保密的规定。即收养人、送养人要求保守收养秘密的，其他人应当尊重其意愿，不得泄露。《最高人民法院关于确定民事侵权精神损害赔偿责任若干问题的解释》第二条规定，非法使被监护人脱离监护，导致亲子关系或者近亲属间的亲属关系遭受严重损害，监护人向人民法院起诉请求赔偿精神损害的，人民法院应当依法予以受理。据此，田某夫妇可以依法提起对张某违反保密约定、泄露其女系被收养这一事实的侵权诉讼。

法律条文

《中华人民共和国民法典》

第一千一百一十条 收养人、送养人要求保守收养秘密的，其他人应当尊重其意愿，不得泄露。

《最高人民法院关于确定民事侵权精神损害赔偿责任若干问题的解释》

第二条 非法使被监护人脱离监护，导致亲子关系或者近亲属间的亲属关系遭受严重损害，监护人向人民法院起诉请求赔偿精神损害的，人民法院应当依法予以受理。

一句话说法

收养人收养子女时一般都不愿意让他人或子女知道被收养的事实，因此，其他人应当尊重收养人的意愿。无论基于何种原因泄露这一隐私，导致收养人与被收养人之间的亲属关系受到损害的，收养人均可要求他人赔偿。

84. 被收养的子女是否有赡养亲生父母的义务?

案例背景

强强的亲生母亲是一个未婚先孕的大学生，不堪忍受压力的她偷偷把刚出生不久的婴儿放到了某小区公园的长椅上。早上张某锻炼身体时发现了这个孩子，把孩子抱回了家，并通过法定程序收养了该孩子，取名为强强。多年来，张某夫妇对待强强如亲生儿子，甚至送强强到国外留学。强强参加工作后，对张某夫妇也非常孝顺。可有一天一位姓杨的中年人找到强强，称其为强强的生母，并要求强强承担对其的赡养义务。后经查实，此人正是强强的生母。

学法有疑

强强对其生母有赡养义务吗?

法律讲堂

根据我国《民法典》第一千一百一十一条的规定，自收养关系成立之日起，养父母与养子女间的权利义务关系，适用该法关于父母子女关系的规定。养子女与生父母及其他近亲属间的权利义务关系，因收养关系的成立而消除。

本案中，强强被张某夫妇通过合法的途径收养后，与生父母之间的关系就已经消除，对生父母不再承担赡养义务，因此，杨某无权要求强强赡养自己。当然，出于血缘关系考虑，强强也可以自愿帮助或赡养杨某。

法律条文

《中华人民共和国民法典》

第一千一百一十一条 自收养关系成立之日起，养父母与养子女间的权利义务关系，适用本法关于父母子女关系的规定；养子女与养父母的近亲属间的权利义务关系，适用本法关于子女与父母的近亲属关系的规定。

养子女与生父母以及其他近亲属间的权利义务关系，因收养关系的成立而消除。

一句话说法

子女对父母有赡养扶助的义务。但子女被收养后，会和养父母之间成立法律上的权利义务关系，与生父母之间的权利义务关系则归于消灭。因此，从法律上讲，养子女对养父母有赡养扶助的义务，对生父母则无此义务。但从亲情和血缘上讲，养子女可以对生父母进行赡养扶助，这也不会被法律所禁止。

第2章 收养关系的建立与解除

85. 抚养亲友的子女，算是收养行为吗？

案例背景

林某，男，40岁，丧偶，无子女，在一家企业从事技术工作，为人正直，生活比较富裕。而李某是林某多年的好友，李某与妻子外出有事时，经常拜托林某帮助照看自己的女儿。前不久，林某在得知李某与妻子乘坐的飞机失事而双双罹难的消息后，毫不犹豫地将李某唯一的女儿接来与自己同住，打算长期照顾其生活起居。后来，林某从朋友口中得知，虽然李某的女儿由自己抚养，但两人之间并不是收养关系。

学法有疑

林某的朋友说得对吗？林某与李某的女儿之间形成收养关系了吗？

法律讲堂

林某朋友的说法是正确的，林某与李某的女儿之间没有形成收养关系。根据我国《民法典》第一千一百零七条的规定，抚养亲戚朋友的孩子不属于收养行为，他们之间不适用收养关系。因此，虽然林某在好友李某夫妇二人去世后，实际抚养照看了李某的女儿，但根据法律的规定，他们之间是抚养人与被抚养人的关系，不成立养父母子女关系。

法律条文

《中华人民共和国民法典》

第一千一百零七条 孤儿或者生父母无力抚养的子女，可以由生父母的亲属、朋友抚养；抚养人与被抚养人的关系不适用本章规定。

一句话说法

收养关系的成立必须符合法律规定的条件，不是任何帮他人照顾孩子的行为都属于收养行为。且无配偶者收养异性子女，年龄差应当在四十岁以上。被抚养人由生父母的亲属、朋友照顾的，他们之间的关系不适用收养关系。

86. 养子女被养父母抚育成年后，还能解除收养关系吗？

案例背景

杨某是单身主义者，年过四十尚未成家，而且他打算以后也不结婚了。但他非常喜欢孩子，于是就从孤儿院收养了一名10岁的男孩。几年来，杨某对养子视如己出，但这孩子生性孤僻，高中时就抽烟、喝酒、早恋。杨某对其加以管教，孩子却和杨某争吵，有时甚至还会动手。直到孩子高中毕业成年后，杨某认为与养子已经无法共同生活，想解除收养关系。

学法有疑

杨某还能解除与已成年养子的收养关系吗？

法律讲堂

杨某可以解除与已成年养子的收养关系。根据我国《民法典》第一千一百一十五条的规定，养父母与成年养子女关系恶化、无法共同生活的，可以协议解除收养关系。不能达成协议的，可以向人民法院起诉要求解除。同时该法第一千一百一十六条规定，当事人协议解除收养关系的，应当到民政部门办理解除收养关系的登记。由此可见，即便是养父母将养子女抚育成年的，在符合一定的条件下，仍然可以同养子女协议解除收养关系或者到人民法院起诉解除收养关系。

本案中的杨某与养子关系恶化，无法共同生活，符合法定条件，可以与养子协议解除或向人民法院起诉解除收养关系。

法律条文

《中华人民共和国民法典》

第一千一百一十五条 养父母与成年养子女关系恶化、无法共同生活的，可以协议解除收养关系。不能达成协议的，可以向人民法院提起诉讼。

第一千一百一十六条　当事人协议解除收养关系的，应当到民政部门办理解除收养关系登记。

一句话说法

收养关系在一定程度上也是公民意思自治的表现。收养人可以收养子女，但是当其与被收养人关系恶化、无法共同生活时，如果被收养人已经成年，那么，收养人也可以选择与被收养人解除收养关系。

87. 养子与养父母解除收养关系后，是否可以继承生父母的遗产？

案例背景

小丹被刘某夫妇收养，后与养父母发生矛盾，关系不断恶化，无法共同生活，因此与养父母解除了收养关系。自此，小丹一直渴望在亲生父母身边生活，后与生父母协商，他们也愿意接纳她回到身边继续一起生活。但小丹的弟弟和妹妹却不能接受这个突然到来的姐姐，甚至对她恶语相向，并认为小丹就算回来，以后也没有权利继承父母的遗产。

学法有疑

那么，小丹享有对生父母遗产的继承权吗？

法律讲堂

小丹享有对生父母遗产的继承权。根据我国《民法典》第一千一百一十七条的规定，收养关系解除后，养子女与养父母及其他近亲属间的权利义务关系即行消除，与生父母及其他近亲属间的权利义务关系自行恢复，但成年养子女与生父母及其他近亲属间的权利义务关系是否恢复，可以协商确定。可见，养子女未成年的，收养关系解除后，养子女和亲生父母的权利义务关系自行恢复，在这种情况下，养子女可以继承生父母的遗产；但如果是成年的养子女，他们本人愿意自食其力而不希望回到生父母身边，或者生父母不同意与其恢复关系，那么其对生父母的财产则不享有继承权。小丹与生父母通过协商恢复了与生父母的权利义务关系，因此，享有继承权。

法律条文

《中华人民共和国民法典》

第一千一百一十七条 收养关系解除后，养子女与养父母以及其他近亲属间的权利义务关系即行消除，与生父母以及其他近亲属间的权利义务关系自行恢复。但是，成年养子女与生父母以及其他近亲属间的权利义务关系是否恢复，可以协商确定。

一句话说法

我国法律关于收养实行的是完全收养制度，即养子女被收养后，与生父母的一切权利义务关系均消除。因此，在继承问题上，自收养关系成立之后，养子女就只能与养父母之间产生相互的继承关系，而与生父母之间的继承关系因收养而消除，养子女不能再继承生父母的遗产，即使因各种因素未能继承养父母的遗产，也没有了继承生父母遗产的权利。

第三篇

继承法律知识

第1章 法定继承

88. 如何确定法定继承中的顺序？

案例背景

林某是某著名大学教授，80岁那年突然去世。林某有两个儿子、一个女儿，但大儿子与大儿媳在外出时遭遇飞机失事，双双遇难，只留下一个儿子小森。自此小森一直都由爷爷林某照顾。林某去世后留下了一笔遗产，但其在去世前没有立遗嘱。小森的叔叔和姑姑认为小森是孙子辈的，不能继承遗产。而小森称即使爷爷去世前没有立下遗嘱，也要按照法定继承的顺序继承遗产。

学法有疑

依据法律，要按照怎样的顺序继承遗产呢？

法律讲堂

我国《民法典》第一千一百二十七条对法定继承的顺序有明确的规定。基本上是按照家庭生活中家庭成员之间的关系确定的，反映了家庭成员间亲疏远近的程度，并按照由亲密至疏远的顺序排列。第一顺序继承人为配偶、子女、父母，第二顺序继承人为兄弟姐妹、祖父母、外祖父母。继承开始后，由第一顺序继承人继承，没有第一顺序继承人的，由第二顺序继承人继承。此外，根据该法第一千一百二十八条的规定，被继承人的子女先于被继承人死亡的，由被继承人的子女的直系晚辈血亲代位继承。

由此可知，虽然林某生前没有立遗嘱，但其遗产应当按照法定继承的顺序进行继承。而且，林某的大儿子和大儿媳先于林某死亡，因此，他们的儿子小淼是可以代位继承的，其有权继承林某遗产中属于自己父母的份额。

法律条文

《中华人民共和国民法典》

第一千一百二十七条 遗产按照下列顺序继承：

（一）第一顺序：配偶、子女、父母；

（二）第二顺序：兄弟姐妹、祖父母、外祖父母。

继承开始后，由第一顺序继承人继承，第二顺序继承人不继承；没有第一顺序继承人继承的，由第二顺序继承人继承。

本编所称子女，包括婚生子女、非婚生子女、养子女和有扶养关系的继子女。

本编所称父母，包括生父母、养父母和有扶养关系的继父母。

本编所称兄弟姐妹，包括同父母的兄弟姐妹、同父异母或者同母异父的兄弟姐妹、养兄弟姐妹、有扶养关系的继兄弟姐妹。

第一千一百二十八条 被继承人的子女先于被继承人死亡的，由被继承人的子女的直系晚辈血亲代位继承。

被继承人的兄弟姐妹先于被继承人死亡的，由被继承人的兄弟姐妹的子女代位继承。

代位继承人一般只能继承被代位继承人有权继承的遗产份额。

我国的遗产继承主要有遗嘱继承和法定继承两种方式，如果被继承人生前没有立遗嘱，那么应当根据法律的规定按照法定继承顺序确定遗产继承人。

89. 非婚生子女就没有继承权了吗？

案例背景

谭某与妻子李某生有两个儿子。然而在谭某与李某婚姻存续期间，谭某与一女子长期保持不正当的男女关系，并生有一女晶晶。后来谭某与该女子的关系结束，晶晶一直由谭某的母亲抚养，直至成年。前不久，谭某突发疾病去世，给儿女们留下了一笔遗产。闻讯赶来的晶晶要求参与继承，但遭到了哥哥们的拒绝。谭某的儿子们认为晶晶是非婚生女子，因此，没有继承遗产的权利。

学法有疑

晶晶享有继承权吗？

法律讲堂

晶晶享有继承权。根据我国《民法典》第一千零七十一条第一款的规定，非婚生子女与婚生子女享有同等的权利。这里所说的“同等的权利”，包括继承权。该法第一千一百二十七条对此进行了进一步的明确规定，《民法典》继承编中的子女包括婚生子女、非婚生子女、养子女和有扶养关系的继子女。

本案中，尽管晶晶是谭某非婚生的子女，但是其享有与婚生子女同等的权利，任何人不得以任何理由加以干涉，其当然有权继承父亲的遗产。

法律条文

《中华人民共和国民法典》

第一千零七十一条第一款 非婚生子女享有与婚生子女同等的权利，任何组织或者个人不得加以危害和歧视。

第一千一百二十七条 遗产按照下列顺序继承：

（一）第一顺序：配偶、子女、父母；

……

本编所称子女，包括婚生子女、非婚生子女、养子女和有扶养关系的继子女。

……

一句话说法

非婚生子女和婚生子女一样，与生父母有直接的血缘关系，所以法律会一视同仁，保证他们法律地位的平等，对他们的合法权益加以保护。

90. 继子女是否有继承权?

案例背景

周某与前夫是在大学期间相恋的，毕业后两人便结了婚，婚后生有一女小蕊。但没过多久，周某前夫因遭遇车祸不幸去世。后周某经他人介绍认识了单身男子杨某，并带着小蕊与杨某组成了再婚家庭。婚后，两人生了一个儿子，取名小磊。前不久，杨某突然去世，小磊与同母异父的姐姐小蕊因遗产纷争闹上法庭，小磊认为小蕊并非父亲所生，因此其对父亲的遗产不享有继承权。

学法有疑

作为继子女的小蕊是否享有继承权?

法律讲堂

小蕊享有继承权。我国《民法典》第一千一百二十七条第三款中明确规定，法定继承所指的子女，包括婚生子女、非婚生子女、养子女和有扶养关系的继子女。小蕊为杨某的继女，与杨某形成了扶养关系，依法享有继承权。

法律条文

《中华人民共和国民法典》

第一千一百二十七条 遗产按照下列顺序继承：

（一）第一顺序：配偶、子女、父母；

（二）第二顺序：兄弟姐妹、祖父母、外祖父母。

继承开始后，由第一顺序继承人继承，第二顺序继承人不继承；没有第一顺序继承人继承的，由第二顺序继承人继承。

本编所称子女，包括婚生子女、非婚生子女、养子女和有扶养关系的继子女。

本编所称父母，包括生父母、养父母和有扶养关系的继父母。

本编所称兄弟姐妹，包括同父母的兄弟姐妹、同父异母或者同母异父的兄弟姐妹、养兄弟姐妹、有扶养关系的继兄弟姐妹。

一句话说法

有扶养关系的继子女与继父母之间形成了法律上的拟制血亲关系，因此，继子女能像婚生子女一样继承被继承人的遗产，成为被继承人的法定继承人。

继承开始后，由第一顺序继承人继承，第二顺序继承人不继承；没有第一顺序继承人继承的，由第二顺序继承人继承。

91. 主动赡养孤寡老人者是否能分得遗产?

案例背景

于某是一名年近八十的老人，无儿无女，老伴早年去世，一直独居。邻居李某是一个坚强善良的女人，她见于某独居，无人照顾，于是主动承担起了照顾于某的重担。几个月前，于某去世，留下了一笔遗产。这时于某的侄女闻讯赶来，称李某和于某非亲非故，不能分得遗产，自己才是于某唯一的继承人，理应分得全部遗产。

学法有疑

李某可以分得于某留下的遗产吗?

法律讲堂

李某可以分得于某留下的遗产。根据《民法典》相关规定，履行了赡养义务是享有继承权的实质要件。对继承人以外的依靠被继承人扶养的缺乏劳动能力又没有生活来源的人，或者继承人以外的对被继承人扶养较多的人，可以分给他们适当的遗产。李某照顾了老人，根据相关的法律规定，可以分得老人的遗产。

法律条文

《中华人民共和国民法典》

第一千一百三十一条 对继承人以外的依靠被继承人扶养的人，或者继承人以外的对被继承人扶养较多的人，可以分给适当的遗产。

对被继承人尽了主要赡养义务的继承人以外的人，使他们适当分得遗产，一方面是弘扬社会正气，一方面可以告诫子女更好地履行赡养义务。

92. 不履行赡养义务的子女是否还有继承权？

案例背景

张大爷有一儿一女，老伴过世后，张大爷刚开始时和儿子共同生活，但儿子不孝顺，经常打骂张大爷。无奈的张大爷只能和女儿一家人在一起生活。自此张大爷的儿子再没有履行过赡养的义务，只有女儿尽着子女的本分。去年，张大爷买彩票中了大奖，拿到这笔钱后他就直接存到了银行里，子女们都不知道。前不久，张大爷因病去世，把这笔钱留给了女儿。儿子知道此事后，便要争抢这笔遗产，认为自己也有继承权。

学法有疑

张大爷的儿子还有继承权吗？

法律讲堂

张大爷的儿子不再享有继承权。我国《民法典》第一千一百二十五条规定，虐待被继承人，情节严重的，丧失继承权。如果情节极为恶劣的，还可以根据《刑法》第二百六十条的规定追究其刑事责任。

本案中，张大爷的儿子虐待张大爷，因此，不再享有继承权。即使其行为尚不构成虐待，但是张大爷在因病去世时，已经决定将这笔钱留给女儿，因此，基于尊重被继承人的真实意思表示考虑，张大爷的儿子也已经丧失了继承权。

法律条文

《中华人民共和国民法典》

第一千一百二十五条 继承人有下列行为之一的，丧失继承权：

……

（三）遗弃被继承人，或者虐待被继承人情节严重；

……

继承人有前款第三项至第五项行为，确有悔改表现，被继承人表示宽恕或者事后在遗嘱中将其列为继承人的，该继承人不丧失继承权。

受遗赠人有本条第一款规定行为的，丧失受遗赠权。

《中华人民共和国刑法》

第二百六十条 虐待家庭成员，情节恶劣的，处二年以下有期徒刑、拘役或者管制。

犯前款罪，致使被害人重伤、死亡的，处二年以上七年以下有期徒刑。

第一款罪，告诉的才处理，但被害人没有能力告诉，或者因受到强制、威吓无法告诉的除外。

一句话说法

权利与义务始终是相互对应的，没有无权利的义务，也没有无义务的权利。子女赡养父母，不仅是道德要求，更是子女的一项法定义务。如果子女不履行赡养义务，虐待父母，那么，其也就丧失了继承父母遗产的权利。

第2章 遗嘱继承与遗赠

93. 法定继承人的继承权能够被遗嘱剥夺吗？

案例背景

年近80岁的何老先生，老伴已经去世多年，两个子女都在外地工作。人有旦夕祸福，何老先生不幸身患癌症。手术住院后，他身体非常虚弱，需要人照料。但子女们都因工作忙碌而无法照顾老人。于是，何老先生在社区居委会的帮助下，请了一位张阿姨做保姆，来照料自己的生活。此后两年，一直都是张阿姨悉心照顾何老先生的生活起居。期间，子女们只是匆匆看上一眼便离去。前不久，何老先生病情恶化，癌细胞发生多处转移。何老先生知道自己将不久于人世，便立下遗嘱，打算自己死后，将名下所有的财产全部赠与张阿姨，遗嘱中没有提到给其子女保留遗产的条款。

学法有疑

何老先生死后，其子女可以要求继承遗产吗？

法律讲堂

何老先生死后，其子女不能要求继承遗产。我国《民法典》第一千一百二十三条规定，继承开始后，如果有遗嘱，按照遗嘱继承。即使遗嘱没有给法定继承人留下遗产，也仍然是有效的遗嘱，即遗嘱可以排除法定继承人的继承权。虽然《民法典》第一千一百四十一条同时规定，遗嘱应当对缺乏劳动能力又没有生活来源的继承人保留必要的遗产份额。但本案中，何老先生的子女都有自己的工作，不属于没有劳动能力又无生活来源的人，因此，遗嘱有效，何老先生的子女不能要求继承遗产。

法律条文

《中华人民共和国民法典》

第一千一百二十三条 继承开始后，按照法定继承办理；有遗嘱的，按照遗嘱继承或者遗赠办理；有遗赠扶养协议的，按照协议办理。

第一千一百三十三条 自然人可以依照本法规定立遗嘱处分个人财产，并可以指定遗嘱执行人。

自然人可以立遗嘱将个人财产指定由法定继承人中的一人或者数人继承。

自然人可以立遗嘱将个人财产赠与国家、集体或者法定继承人以外的组织、个人。

自然人可以依法设立遗嘱信托。

第一千一百四十一条 遗嘱应当为缺乏劳动能力又没有生活来源的继承人保留必要的遗产份额。

立遗嘱人只要是在法律允许的范围内，按照法律规定的方式对其遗产或其他事务作出处分，法律就应该予以尊重。

94. 被胁迫所立的遗嘱有效吗?

案例背景

李某有一儿一女，分别叫小霞、小涛。李某在世时表示，自己一旦辞世，财产由姐弟俩平分。李某手里有一件家传的宝贝，是一尊玉佛，价值连城。而小霞已经觊觎父亲这个宝贝很久了，一直希望独自拥有它。于是，丧心病狂的小霞逼迫父亲立下了玉佛由自己继承的遗嘱，以便父亲死后自己可以独占玉佛。弟弟小涛知道此事后，非常生气，认为姐姐手里的遗嘱是无效的。

学法有疑

这份遗嘱有效吗?

法律讲堂

这份遗嘱是没有法律效力的。我国《民法典》第一千一百四十三条对遗嘱无效的情形作了列举式的规定，其中包括受胁迫所立的遗嘱。遗嘱本来是立遗嘱人对自己财产作出的处分，应当是自己意思自由的体现。而受胁迫所立的遗嘱，因为违背了立遗嘱人真实的意思表示，因此不具备相应的法律效力。本案中，李某的遗嘱是受其女小霞胁迫所立，并非李某自己的真实意思表示，因此无效。

法律条文

《中华人民共和国民法典》

第一千一百四十三条 无民事行为能力人或者限制民事行为能力人所立的遗嘱无效。

遗嘱必须表示遗嘱人的真实意思，受欺诈、胁迫所立的遗嘱无效。

伪造的遗嘱无效。

遗嘱被篡改的，篡改的内容无效。

一句话说法

在受到胁迫之下作出的意思表示并非当事人真实的意思表示，违背了法律自愿、自由的基本原则，因此，该行为无效。

95. 遗赠扶养协议是否优先于遗嘱?

案例背景

苏某的妻子在唐山大地震中去世，给苏某留下了两个儿子，自此苏某一人抚养两个儿子长大成人。两个孩子知道父亲一人把他们拉扯大不容易，成年后的他们对苏某非常孝顺。苏某知道孩子们工作很辛苦，不想打扰他们，就找了一个保姆照顾自己。孩子们也会经常回家看望苏某，苏某对这样的生活感到很幸福。最近，苏某被查出胃癌晚期，自知没有多长时间了，便立下遗嘱，全部的财产由两个儿子继承；同时，他与长年照顾自己的保姆签订了遗赠扶养协议，约定将自己的财产全部留给保姆。保姆履行了协议规定的内容。苏某死后，继承开始，两个儿子面对着父亲留下的遗嘱和遗赠扶养协议不知该怎么处理。

学法有疑

这样的情况要如何处理?

法律讲堂

《民法典》第一千一百二十三条规定：“继承开始后，按照法定继承办理；有遗嘱的，按照遗嘱继承或者遗赠办理；有遗赠扶养协议的，按照协议办理。”据此可知，继承开始后，遗赠扶养协议的效力优先于遗嘱继承和法定继承。也就是说，被继承人生前与他人订有遗赠扶养协议，同时立有遗嘱的，继承开始后，如果遗赠扶养协议与遗嘱没有抵触，遗产分别按协议和遗嘱处理；如果有抵触，则按协议处理，与协议抵触的遗嘱全部或部分无效。因此，本案的遗产分配应按遗赠扶养协议进行。

法律条文

《中华人民共和国民法典》

第一千一百二十三条 继承开始后，按照法定继承办理；有遗嘱的，按照遗嘱继承或者遗赠办理；有遗赠扶养协议的，按照协议办理。

第一千一百五十八条 自然人可以与继承人以外的组织或者个人签订遗赠扶养协议。按照协议，该组织或者个人承担该自然人生养死葬的义务，享有受遗赠的权利。

《最高人民法院关于贯彻执行〈中华人民共和国继承法〉若干问题的意见》

5. 被继承人生前与他人订有遗赠扶养协议，同时又立有遗嘱的，继承开始后，如果遗赠扶养协议与遗嘱没有抵触，遗产分别按协议和遗嘱处理；如果有抵触，按协议处理，与协议抵触的遗嘱全部或部分无效。

国家法律将遗赠扶养协议置于优先于遗嘱的地位，是为了促进一种老有所养的风气，使得老人能够得到更好的赡养。

96. 胎儿还未出生，是否享有继承权？

案例背景

蒋某与张某婚后第二年，张某怀孕了，蒋某非常高兴。蒋某怕自己工作忙无暇照顾张某，便把自己的父母从老家接来，让他们帮着照顾怀孕的张某。一家人本可以过得非常幸福，但人有旦夕祸福，在张某怀孕5个月时，蒋某遭遇车祸，不幸身亡。蒋某去世后，张某与公公婆婆因遗产继承问题发生纠纷，张某提出应当将蒋某遗留的遗产分成三份，公婆一份，自己一份，肚中的胎儿一份。蒋某的父母不同意，他们认为孩子还没有出生，不具有继承遗产的资格。

学法有疑

张某还未出生的胎儿有继承遗产的资格吗？

法律讲堂

张某还未出生的孩子有继承权。尽管我国《民法典》第十三条规定，自然人的民事权利能力始于出生，即孩子自出生时起，才是公民，享有权利，履行义务。但是，为保护即将出生但还未出生的孩子的利益，该法第十六条特别规定："涉及遗产继承、接受赠与等胎儿利益保护的，胎儿视为具有民事权利能力。但是，胎儿娩出时为死体的，其民事权利能力自始不存在。"第一千一百五十五条还规定："遗产分割时，应当保留胎儿的继承份额。胎儿娩出时是死体的，保留的份额按照法定继承办理。"据此可见，为保护胎儿的利益，在涉及遗产继承、接受赠与等事项时，尽管胎儿尚未出生，也视其具有民事权利能力，在遗产分割时，应保留胎儿的继承份额。因此，张某未出生的孩子有继承遗产的资格。

如果张某的公婆没有为胎儿保留遗产份额，那么还须从他们所继承的遗产中扣回。

法律条文

《中华人民共和国民法典》

第十三条 自然人从出生时起到死亡时止，具有民事权利能力，依法享有民事权利，承担民事义务。

第十六条 涉及遗产继承、接受赠与等胎儿利益保护的，胎儿视为具有民事权利能力。但是，胎儿娩出时为死体的，其民事权利能力自始不存在。

第一千一百五十五条 遗产分割时，应当保留胎儿的继承份额。胎儿娩出时是死体的，保留的份额按照法定继承办理。

一句话说法

考虑到孩子出生后的抚养、教育问题，为胎儿保留遗产继承份额是十分必要的。任何人都不得以任何理由剥夺为胎儿保留的遗产份额，即使继承完成后，没有为胎儿保留的份额也应当从中扣回。

97. 继承遗产时也要继承债务吗?

案例背景

刘某生前与他人各出资10万元，合伙买了一辆大货车跑长途运输。刘某出的10万元中有5万元是向亲戚常某借的。为了尽快还清债务，刘某没日没夜地跑运输。刘某知道这是一份风险很大的职业，于是立了一份遗嘱，并且进行了公证。遗嘱写明，自己死后，所留遗产全部由妻子周某继承。去年6月，刘某在跑运输的途中发生车祸不幸去世。常某得知刘某去世的消息后，便要求刘某的妻子周某偿还刘某生前所欠的债务。周某觉得这钱是刘某借的，自己没有义务偿还。

学法有疑

周某如果继承遗产，债务也要一并继承吗?

法律讲堂

周某如果继承遗产，对丈夫刘某的债务也要一并继承。我国《民法典》第一千一百六十一条第一款规定，继承人在继承遗产时，应当清偿被继承人依法应当缴纳的税款和债务，但缴纳税款和清偿债务以继承人所得的遗产实际价值为限。超过遗产实际价值的部分，继承人自愿偿还的不在此限。

据此，本案中周某如要继承遗产，须负责偿还刘某生前所欠债务。但是，如果刘某的遗产不足5万元，那么，周某也仅以其实际继承的遗产价值为限偿还常某的债务。

法律条文

《中华人民共和国民法典》

第一千一百六十一条第一款 继承人以所得遗产实际价值为限

清偿被继承人依法应当缴纳的税款和债务。超过遗产实际价值部分，继承人自愿偿还的不在此限。

一句话说法

在法律中，权利与义务是相辅相成的，人们在享受相应权利的同时，也要履行特定的义务。继承遗产是继承人的权利，与该权利对应的义务就是清偿被继承人的债务。因此，如果继承了遗产，也就要偿还其所负的债务。

98. 继承人放弃了继承权，是否还有偿还债务的义务？

案例背景

谢某的母亲很早就去世了，谢某高中毕业后，便孤身一人到北京打工。五年来，谢某很少和家里联系，只是定期往家里寄生活费。今年年初，谢某回家探亲，看见弟弟对父亲特别孝顺，也就放心了，并口头表示等将来父亲去世后，所有遗产由弟弟一人继承，自己什么也不要。前不久，谢某的父亲突然去世，留下遗产的同时也留下了债务。于是，谢某的弟弟找到谢某商量父亲生前所欠下的债务一事，而谢某称自己已明确表示放弃继承了，债务一事让弟弟自己想办法。

学法有疑

放弃继承后的谢某还要偿还父亲的债务吗？

法律讲堂

谢某不需要偿还父亲生前所欠的债务。我国《民法典》第一千一百六十一条第二款规定，已明确表示放弃继承权的，对被继承人生前依法应当缴纳的税款和债务可以不负清偿责任。本案中谢某在继承开始前明确表示放弃继承，因此，可以不偿还其父生前所欠的债务。

法律条文

《中华人民共和国民法典》

第一千一百二十四条第一款 继承开始后，继承人放弃继承的，应当在遗产处理前，以书面形式作出放弃继承的表示；没有表示的，视为接受继承。

第一千一百六十一条第二款 继承人放弃继承的，对被继承人依法应当缴纳的税款和债务可以不负清偿责任。

一句话说法

权利和义务是对等的，没有无权利的义务，也没有无义务的权利。当继承人已明确表示放弃继承权的，对被继承人生前依法应当缴纳的税款和债务可以不负偿还责任。

99. 立遗嘱后又对遗嘱中所涉及的财产进行了处理，遗嘱应如何认定？

案例背景

钱某年轻时因做运输生意攒了一些钱。2020 年 3 月，钱某被检查出胃癌晚期。知道自己所剩的时间不多了，钱某决定在离世之前设立一份遗嘱，内容为：遗产中房屋由长子继承，60 万元现金由次子继承。遗嘱设立后不久，钱某想多给孩子们留些财产，于是又将遗嘱中的 20 万元现金拿出来，用于炒股票，结果全部被套。

学法有疑

这种情况下，遗嘱应如何认定？

法律讲堂

根据我国《民法典》第一千一百四十二条的规定，立遗嘱后，如果遗嘱人生前实施的民事法律行为与遗嘱的意思表示相反，视为对遗嘱相关内容的撤回。《继承法》中曾规定遗嘱人撤销、变更遗嘱时，不得撤销、变更公证遗嘱。《民法典》则取消了该限制，当存在多份遗嘱时，以最后一份合法有效的遗嘱为准。

本案在继承开始前，钱某处分了遗嘱中所涉及的部分财产，应当视为遗嘱被部分撤回。也就是说，其遗嘱中关于房屋和其余 40 万元的部分仍然有效，但是，因为钱某在其生前以自己的行为实际处分了遗嘱中的 20 万元，应当视为其对这 20 万元遗嘱内容的撤回，其次子无法继承这 20 万元的财产。

法律条文

《中华人民共和国民法典》

第一千一百四十二条 遗嘱人可以撤回、变更自己所立的遗嘱。

立遗嘱后，遗嘱人实施与遗嘱内容相反的民事法律行为的，视为对遗嘱相关内容的撤回。

立有数份遗嘱，内容相抵触的，以最后的遗嘱为准。

一句话说法

立遗嘱人在遗产继承开始前有权对自己的财产重新作出处理，这种处理方式可以是重新立下遗嘱，也可以是用自己的实际行为作出表示。如果立遗嘱人对遗产重新作出了处理，原遗嘱相应的内容则视为被撤回。

100. 以“打印”形式立遗嘱的，应该怎样做？

案例背景

刘教授今年83岁，已退休多年。刘教授考虑到自己身体日渐衰弱，便想立下一份遗嘱，以备后事。但是，由于刘教授身患帕金森病，右手时常抖动，不能工整地写完遗嘱，他便想让人帮忙打印一份遗嘱。

学法有疑

那么，对于“打印遗嘱”，如何做才有效力？

法律讲堂

立遗嘱可以使用打印的方式，但必须符合法律所规定的形式。根据《民法典》第一千一百三十六条的最新规定，打印遗嘱需要有两个以上的见证人在场，同时，见证人和立遗嘱人应当在遗嘱的每一页上签名，并注明年、月、日。

在上面的案例中，如果刘教授想通过“打印”的方式订立遗嘱，不仅需要找到两个见证人在场见证，在遗嘱打印完成后，见证人和他自己还需要在遗嘱的每一页上签字，注明日期，这份打印的遗嘱才具有效力。

法律条文

《中华人民共和国民法典》

第一千一百三十六条 打印遗嘱应当有两个以上见证人在场见证。遗嘱人和见证人应当在遗嘱每一页签名，注明年、月、日。

一句话说法

法律认可“打印遗嘱”，是跟随社会的发展与进步的体现。打印遗嘱比手写遗嘱更清晰无误。为了保证打印遗嘱的真实性和有效性，遗嘱人和见证人应当在遗嘱的每一页上签名，注明年、月、日。

101. 用手机录视频立遗嘱的，怎么才有效？

案例背景

杨阿姨与陈叔叔结婚后一直没有生育子女。如今，年逾古稀的他们相互扶持着居住在一幢老式小洋房内。不久前，杨阿姨因病去世，陈叔叔痛苦不已。他想到老伴儿已经先走一步，自己在这个世上变成孤身一人，心情十分低落，逐渐抑郁成疾。没过多久，陈叔叔也患了重病。陈叔叔住院期间，在医生护士们的见证下，决定将包括房产、存款等在内的所有遗产捐赠给国家，并用手机录制了一段遗嘱视频。

学法有疑

陈叔叔用手机录制的遗嘱视频有法律效力吗？

法律讲堂

用手机录制视频立遗嘱属于录音录像遗嘱。录音录像遗嘱是法定立遗嘱的方式之一。我国《民法典》第一千一百三十七条明确规定："以录音录像形式立的遗嘱，应当有两个以上见证人在场见证。遗嘱人和见证人应当在录音录像中记录其姓名或者肖像，以及年、月、日。"

在上面的案例中，陈叔叔在医生护士们的见证下，录制了遗嘱视频，将包括房产、存款等在内的所有遗产捐赠给国家，如果陈叔叔自己以及作为见证人的医生、护士在视频中留下了姓名和肖像以及年、月、日的话，那么这份遗嘱就是具有法律效力的。

法律条文

《中华人民共和国民法典》

第一千一百三十七条 以录音录像形式立的遗嘱，应当有两个以上见证人在场见证。遗嘱人和见证人应当在录音录像中记录其姓名或者肖像，以及年、月、日。

如今，录制视频已经成为很多人记录生活的方式之一。我国《民法典》紧跟时代的步伐，在继承编中明确规定可以通过录音录像的方式订立遗嘱。对于使用视频方式立遗嘱的人来说，一定要注意符合法律对视频遗嘱的要求。

102. 临终前立的口头遗嘱是有效遗嘱吗？

案例背景

欧阳先生是某集团公司的总裁，有三个儿子。年初时，欧阳先生因公司事务到外地出差，途中发生车祸事故，送到医院抢救时已经奄奄一息，临终前他对身边的人们交代后事：要长子接替自己的位置，掌管公司。欧阳先生去世后，三个儿子因遗产分配问题发生纠纷，二儿子和三儿子以父亲临终前的口头遗嘱无效为由，要求接管公司。

学法有疑

临终前的口头遗嘱不具有法律效力吗？

法律讲堂

我国《民法典》第一千一百三十八条规定，遗嘱人在危急并有两个以上见证人在场见证的情况下，可以立口头遗嘱。也就是说，法律是承认口头遗嘱的效力的。本案中欧阳先生在临终前的紧急时刻，在身边有两个以上见证人的情况下，设立了口头遗嘱，该遗嘱应该被认定为是有效的。

法律条文

《中华人民共和国民法典》

第一千一百三十八条 遗嘱人在危急情况下，可以立口头遗嘱。口头遗嘱应当有两个以上见证人在场见证。危急情况消除后，遗嘱人能够以书面或者录音录像形式立遗嘱的，所立的口头遗嘱无效。

第一千一百四十条 下列人员不能作为遗嘱见证人：

（一）无民事行为能力人、限制民事行为能力人以及其他不具有见证能力的人；

（二）继承人、受遗赠人；

（三）与继承人、受遗赠人有利害关系的人。

一句话说法

设立遗嘱的形式多种多样，只要是立遗嘱人的真实意思表示，法律都应当予以保护。由于口头遗嘱的易变性、不易保存等特点，法律对其生效的条件作出了限制性规定。此外，如果立遗嘱人转危为安，能够以书面或者录音录像形式立遗嘱的，之前所立的口头遗嘱则失去效力。

103. 数份遗嘱内容相抵触，应以哪份为准？

案例背景

顾某与妻子方某结婚30年了，有两个女儿，现在女儿们也都已经成家立业。去年，顾某突然晕倒，被送到医院后医生说送来太晚，已经进入脑死亡状态了，并让顾某的家人随时准备后事。一个星期后，顾某去世。两个女儿处理完后事后发现顾某在生前立有两份遗嘱，但这两份遗嘱的内容大相径庭，她们不知道要如何处理这两份内容相悖的遗嘱。

学法有疑

如果发生了这种情况，要如何处理？

法律讲堂

根据《民法典》第一千一百四十二条第三款的规定，如果遗嘱人生前立有几份内容相冲突的遗嘱，以最后的遗嘱为准。

本案中，顾某的两个女儿应当先确认两份遗嘱的性质，如果这两份遗嘱都有效，则须确认遗嘱设立的先后时间，并以后设立的遗嘱为准。

法律条文

《中华人民共和国民法典》

第一千一百四十二条第三款 立有数份遗嘱，内容相抵触的，以最后的遗嘱为准。

一句话说法

《民法典》并没有延续《继承法》及相关司法解释所确立的公证遗嘱效力最高的规则，而是将有效遗嘱置于同一效力层级，如果数份有效遗嘱之间内容存在冲突的，以遗嘱人最后所立之遗嘱为准。

图书在版编目（CIP）数据

婚姻家庭法律看图一点通 / 维权帮著．—北京：中国法制出版社，2020. 12

（看图学法）

ISBN 978 - 7 - 5216 - 1356 - 8

Ⅰ. ①婚…　Ⅱ. ①维…　Ⅲ. ①婚姻法 - 中国 - 图解
Ⅳ. ①D923. 9 - 64

中国版本图书馆 CIP 数据核字（2020）第 200722 号

策划编辑：杨　智（yangzhibnulaw@ 126. com）
责任编辑：吕静云（lvjingyun0328@ sina. com）　　封面设计：杨泽江

婚姻家庭法律看图一点通

HUNYIN JIATING FALÜ KAN TU YIDIANTONG

著者/维权帮
经销/新华书店
印刷/三河市国英印务有限公司
开本/880 毫米 × 1230 毫米　32 开　　印张/ 7. 5　字数/ 132 千
版次/2020 年 12 月第 1 版　　2020 年 12 月第 1 次印刷

中国法制出版社出版
书号 ISBN 978 - 7 - 5216 - 1356 - 8　　定价：32. 80 元

北京西单横二条 2 号　邮政编码 100031　　传真：010 - 66031119
网址：http：//www. zgfzs. com　　**编辑部电话：010 - 66053217**
市场营销部电话：010 - 66033393　　**邮购部电话：010 - 66033288**

（如有印装质量问题，请与本社印务部联系调换。电话：010 - 66032926）